AF671728

MARTIN DEUTINGER

Dominik Bertrand-Pfaff (Hrsg.)
in Zusammenarbeit mit Melanie Bender

MARTIN DEUTINGER

Philosophische Meditationen über den letzten Grund des menschlichen Wissens (1850 / 1851)

EBERHARD KARLS
UNIVERSITÄT
TÜBINGEN

TÜBINGEN
LIBRARY PUBLISHING

Bibliografische Information der Deutschen Nationalbibliothek
Die Deutsche Nationalbibliothek verzeichnet diese Publikation in der Deutschen Nationalbibliografie, detaillierte bibliografische Daten sind im Internet über http://dnb.d-nb.de abrufbar.

Dieses Werk ist lizenziert unter einer Creative Commons Namensnennung - Keine Bearbeitungen 4.0 International Lizenz. Um eine Kopie dieser Lizenz einzusehen, konsultieren Sie https://creativecommons.org/licenses/by-nd/4.0/legalcode oder wenden Sie sich brieflich an Creative Commons, Postfach 1866, Mountain View, California, 94042, USA.

Die Online-Version dieser Publikation ist auf dem Repositorium der Universität Tübingen frei verfügbar (Open Access).
http://hdl.handle.net/10900/153354
http://nbn-resolving.de/urn:nbn:de:bsz:21-dspace-1533540
http://dx.doi.org/10.15496/publikation-94693

Tübingen Library Publishing 2024
Universitätsbibliothek Tübingen
Wilhelmstraße 32
72074 Tübingen
druckdienste@ub.uni-tuebingen.de
https://tlp.uni-tuebingen.de

ISBN (Hardcover): 978-3-98944-013-5
ISBN (PDF): 978-3-98944-014-2

Umschlaggestaltung: Sandra Binder, Universität Tübingen
Coverabbildung: Fotoporträt Martin Deutinger. Kunstsammlung des Herzoglichen Georgianums (KHG), Inv.-Nr. 404. Bearbeitung: Sandra Binder
Satz: Dominik Bertrand-Pfaff
Vertrieb: BoD – Books on Demand, Norderstedt
Printed in Germany

Für William J. Hoye †

Inhalt

Vorwort

Die vorliegende Schrift Martin Deutingers wurde als lose Artikelserie in der von ihm herausgegebenen Zeitschrift *Siloah* (1850/51) veröffentlicht. Für eine bessere Lesbarkeit bot es sich an, diese für die Geschichte einer *christlichen Philosophie* des 19. Jahrhunderts bedeutende Schrift in Form eines zusammenhängenden Textes einem größeren Kreis von interessierten Personen zur Verfügung zu stellen. Dies wurde insbesondere durch die großzügige Unterstützung von Prof. Dr. William J. Hoye † (Universität Münster) ermöglicht, der die Vorarbeit dieser Textsicherung ermöglicht hat. Ihm sei hierfür posthum gedankt und aus diesem Grund auch die »Veröffentlichung« dieser Schrift gewidmet. Hoye selbst war das Nachdenken über die Möglichkeit einer Philosophie in einem christlichen Kontext eine Herzensangelegenheit. Gedankt werden soll an dieser Stelle auch Frau Dr. Melanie Bender (Universität Münster), die die Textsicherung übernommen hat.

Angers im April 2024 — Der Herausgeber

Einleitung

Dominik Bertrand-Pfaff

Martin Deutinger (1815-1864), die nach Scholz »bedeutendste Gestalt«[1] der Vor-Neuscholastik, hörte seit 1833 in München Johann Joseph Görres, Johann Adam Möhler, Franz von Baader und Friedrich W. J. Schelling, war dann ab 1841 in Freising Dozent der Philosophie und wurde auf Betreiben des Kirchenhistorikers Ignaz Döllinger von Kultusminister Karl von Abel 1846 zum außerordentlichen Professor der Philosophie in München ernannt. Bereits nach Beendigung des ersten Semesters im Frühjahr 1847 wurde er jedoch nach Dillingen strafversetzt, weil er zusammen mit seinen Protégés, Döllinger, Abel u.a., Kritik an König Ludwig I. geübt hatte, der in die Affäre mit der Sängerin Lola Montez verstrickt war. Während der Minister aus dem Staatsdienst entlassen wurde, Döllinger nach geraumer Zeit wieder seinen Lehrstuhl einnehmen konnte, blieb Deutinger in der Provinz, aus der er quasi ausbrach und wie schon 1845 von Freising aus Kunstreisen nach Florenz, 1847 an den Rhein und vor allem in die Kunstmetropole Düsseldorf 1850 nach Mailand und Paris, 1853 nach Berlin, Dresden und Prag unternahm. Bis 1852 blieb Deutinger in Dillingen, dann schied er krankheitshalber aus dem Staatsdienst aus. Die Jahre 1852 bis 1858 empfand er als Jahre der Niederlagen und Ausgrenzung. Vergeblich bewarb er sich der Reihe nach um eine ruhige Pfarrstelle, um ein Honorarprofessur in München, um einen Sitz im Landtag, um die Stelle eines Konservators und schließlich um die Stelle eines Universitätspredigers an St. Ludwig in München, die ihm endlich 1858 gewährt wurde. Unter diesen äußerst schwierigen Bedingungen entstand sein wissenschaftliches Oeuvre, wofür ihm die Universität Freiburg 1864, im Jahre seines Todes, den Dr.

[1] LThK2 1959, III, 264.

theol. h.c. verlieh. Die zahlreichen Kunstreisen deuten auf das eigentliche Interesse Deutingers hin, nämlich auf die Arbeit an einer Ästhetik in einem christlichen Horizont.[2]

Die inneren Schwierigkeiten, die sich neben den äußeren einem solchen wissenschaftlichen Unternehmen entgegenstellten, bestand in der Dominanz der restaurativen (römischen) Theologie und Kirchenpolitik, wie sie vor allem im *Syllabus* Pius IX. von 1854 zum Ausdruck kam. Durch den *Syllabus* wurde eine Auseinandersetzung der Kirche mit der modernen Philosophie und eine Versöhnung mit der modernen Zivilisation verunmöglicht.[3] Durch seine Freundschaft, die er mit Döllinger gepflegt hat, war es Deutinger möglich, auf der Münchener Gelehrtenversammlung von 1853 ein Referat zu übernehmen, aber dort auch die Ohnmacht jener Theologen zu erfahren, die sich dem restaurativen Mainstream nicht angeschlossen haben. Wie man andererseits sehen kann, war Deutinger Teil eines intellektuellen Netzwerkes, dessen Mitglieder wie er versuchten, die Trennung zwischen christlichem Denken und moderner Wissenschaft resp. Philosophie und Ästhetik aufzuheben. Deutingers Präsenz in der zeitgenössischen Herausforderung der idealistischen Philosophie, von welcher er das Subjektdenken übernimmt, wurde in einer von protestantischen Gestalten beherrschten philosophischen Zunft insbesondere von Eduard von Hartmann und Friedrich Theodor Vischer rezipiert, ansonsten von derselben übergangen.[4]

Hinter Descartes konnte Deutinger zufolge auch ein Denken im christlichen Kontext nicht zurück. In seinem Artikel *Erneuerung und Umbildung des Cartesianismus in der christlichen Philosophie des 19. Jahrhunderts* von 1937 weist

[2] Bertrand-Pfaff, 2004. 2005. 2008. 2013. Ettlinger 1914. Fellerer 1958. Hartmann 1886. Hatzfeld 1913/1954. Kraft 1962. Löhneysen 1992. Neudecker 1878. Pfeiffer 1978. Wiedmann 1963.

[3] Neudecker 1877.

[4] Mehr zur biographisch-historischen Komponente siehe in: Bertrand-Pfaff 2013, 5-17. Pfaff 1999.

Alois Dempf[5] auf diese Referenz hin und würdigt die Bedeutung der vorliegenden Schrift Deutingers, die auf seine Münchener Vorlesungen von 1846 zur Einleitung in die Philosophiegeschichte zurück geht. Dieser Artikel Dempfs kann als eine hervorragende Einführung in Deutingers Text betrachtet werden, weshalb er diesem hier vorangestellt werden soll. Zu Beginn dieser Würdigung zitiert Dempf Deutinger zunächst mit dessen eigenen Worten, um danach die Bedeutung der Schrift hervorzuheben:

Dem »anthropologischen Dualismus [...] setzte Martin Deutinger unter dem Einfluss von Görres und Baader eine Dreiteilung des Menschen aus Geist, Seele und Leib gegenüber. Es ist geistesgeschichtlich von höchstem Interesse, wie sich aus dieser andern anthropologischen Einstellung auch eine ganz andere Bewertung Descartes' und seiner Stellung in der Philosophiegeschichte ergab, wie nun gerade der Dualismus des Vaters der neuzeitlichen Philosophie als das Hauptgebrechen seines eigenen Systems und der ganzen von ihm abhängigen Entwicklung erschien. »Cartesius war es meines Bedünkens, welche der neuen Philosophie ihre Richtung gab [...]. Seit Cartesius ist die philosophische Bewegung eine dualistische und folglich pantheistische. Das Sein geht im Denken auf oder das Denken im Sein. So gebiert diese wechselseitige Verschlingung einerseits den Materialismus, andererseits den Idealismus, je nachdem Sein oder Erkennen prädominiert«. So schreibt Deutinger schon 1840. Und noch in der nachgelassenen Schrift: Der gegenwärtige Zustand der deutschen Philosophie von 1866 heisst es: »Während Günther den Pantheismus vermeiden will, fällt er unvermeidlich wieder in ihn zurück durch das (cartesianische) Prinzip, welches er festhält. Wer nicht über Cartesius hinauskommt, kommt auch nicht über den Pantheismus hinaus« (S. 119). Zwischen diesen beiden Aeusserungen liegen die Münchener Vorlesungen Deutingers von 1846 zur Einleitung in die Philosophiegeschichte, die wohl als seine genialste Leistung zu betrachten sind, noch über seiner gefeierten Kunstlehre. Wir können in

[5] in: Dempf 1937, 285-292, hier: 289-292. Die Seitenzahlen im zitierten Text entsprechen denen des Artikels im angegebenen Werk.

diesen nur als Entwurf veröffentlichten Vorlesungen (In der Zeitschrift Siloah, S. 709ff.) die genetische Entwicklung seines ganzen eigenen Systems und die Bewertung der gesamten Entwicklung der Philosophiegeschichte verfolgen. Deutinger sucht den entscheidenden [290] Ausgang des Philosophierens und findet ihn in folgenden Sätzen: »Jede Behauptung kann möglicherweise bezweifelt werden…« Das Positive an diesem Zweifel ist eben das darin bestimmt offenbar gewordene Bewusstsein, dass ich zweifle. Indem ich zweifle, weiss ich, dass ich zweifle, und indem ich weiss, dass ich zweifle, weiss ich, dass ich denke. Dem Menschen ist an sich nichts vollkommen gewiss als dies Einzige, ich bin denkend… Es ist klar, dass schon Cartesius nach diesem einfachen Prinzip gestrebt. Allein sein berühmter Satz: *Cogito, ergo sum* ist gerade dadurch der Vater sovieler philosophischer Ketzereien geworden, weil er nicht einfach genug war«. Und nun setzt eine ausserordentlich scharfsinnige Kritik des cartesianischen Ausgangspunkts ein. Der Satz : *Cogito, ergo sum* muss ersetzt werden durch den Satz : *ego sum cogitans*. Descartes hat die beiden »Ich« im Satze: ich denke, also bin ich, nicht unterschieden, das Subjekt in seinem Unterschiede von Denken und Sein und das Subjekt in seiner notwendigen und relativen Verbindung mit beiden und also auch nicht den Unterschied des absoluten und relativen Geistes festlegt. »Das relative Ich kann genommen werden in seiner Einheit mit seinen Prädikaten und in der Verschiedenheit von denselben. »Ich« das Subjekt ist nicht »Ich« das Objekt.[6] Das durch den bestimmten Denkakt

---

[6] Dies stellt die Grundlage der Methode der Transposition oder Qualitätsveränderung dar, welche Deutinger in: Das Princip der neueren Philosophie und die christliche Wissenschaft (Regensburg 1857) 436.454 so formuliert: »Inwiefern nun die Erkenntnis auf Objekte gerichtet ist, kann die Aufnahme der Objekte im Subjekte nur durch Änderung der Qualität, durch Transposition möglich sein. Was vom Subjekt positiv gilt, das gilt von allen Objekten nur negativ, und umgekehrt. Der subjektive Grund ist objektive Folge, und umgekehrt. Inwiefern nun alle Objekte dem Subjekte gegenüberstehen, ist

erst zum Bewusstsein kommende Ich erscheint als ein anfangendes. Diesem anfangenden Sein aber muss das Ich ein Sein vor seinem Sein ein Anfang vorausdenken, damit der Anfang sein kann. Dieses ich erkennt sich somit als ein in Beziehung auf das Denken zu denken anfangendes, und weil es seines Seins nur durch das Denken gewiss ist, als ein zu sein anfangendes. Indem es nun den Gegensatz von sich in der Unterscheidung zulässt, wird damit das Nichtich als ein Nicht-Anfangendes und das anfangende als ein Nicht-Ichliches von ihm unterschieden. In dieser Unterscheidung hat das Nichtich offenbar wieder denselben zweifachen und sehr verschiedenen Sinn«. Und es ist ein verhängnisvoller Irrtum, wenn das nichtanfangende Ich und das nichtichliche Anfangende, folglich Gott und die Welt, nicht unterschieden werden.

»Im absoluten Ich ist ein Gegensatz zwischen Sein und Ich nicht denkbar. Das absolute Ich in diesem Sinne ist eben auch das absolute Sein und das Sein ist kein Prädikat von ihm, das auch getrennt von demselben gedacht werden könnte... Das absolute Ich kann garnicht anders gedacht werden als seiend, während das relative, das zu denken anfangende Ich auch als nichtseiend gedacht werden kann.« »Jener ontologische Beweis des Anselm hat somit seinen wirklichen positiven Grund, sobald er in diesem Sinn der notwendigen Verbindung des Seins mit dem Denken begriffen wird«.

Wir stellen als Endergebnis dieser überaus scharfsinnigen Ueberlegung fest: wieder [...] kommt es entscheidend auf die *analogia spiritus creati et increati* an. Wenn der Pantheismus vermieden werden soll, muss vorallem die

---

die Qualitätsveränderung die einzig richtige Verhältnisbestimmung der Objekte im Subjekte. Was ich von einem Objekte bejahe, inwiefern es ist, das muß ich von ihm verneinen, inwiefern es gewußt wird. Als Gewußtes ist es nicht seiend, als seiend nicht gewußt. Was für das Denken nothwendig ist, ist es nicht dem Sein nach, was dem Sein nach nothwendig ist, ist es nicht für das Denken... Alles Leben beruht auf Verwandlung. Auch das Geistige ist ein stetes Verwandeln des objektiven Verhältnisses in das subjektive und des subjektiven ins objektive. Assimilation und Transformation bedingen jede einheitliche Lebensfunktion.«

rechte Stellung des Menschen zwischen Gott und der Welt herausgearbeitet werden, die sich nach Deutinger schon aus der genauen Analyse des Selbstbewusstseins ergibt. Der Weg, den er dazu einschlägt, ist wieder ein anthropologischer, weil die Unterscheidungen im anfangenden Ich vorallem auch noch dadurch schärfer herausgestellt werden, dass auch noch die Freiheit, [291] das Können und Handeln des Menschen neben dem Denken und Sein herangezogen wird, worauf wir hier nicht näher eingehen können. Die objektive Unterscheidung in der Menschennatur wird hier vorallem als eine solche zwischen Person und Natur, der geistigen Persönlichkeit, des allgemeinen Seelenprinzips und der leiblichen Individualität aufgefasst. Wie sie bestimmt wird, ist nicht so wichtig für den Gesamtaufbau des theischen Systems als dass sie überhaupt festgestellt und festgehalten wird. Ob der Dualismus von Geist und Natur oder die Trichotomie von Personalität, Seelennnatur und Leibindividualität, ob die distinctio realis zwischen Sosein und Dasein als das Entscheidende angesehen wird, all das ergibt nur Differenzen in der systematischen Gestaltung des Ganzen der christlichen Lehre, aber nicht für die christliche Philosophie als solche. Man könnte eher umgekehrt sagen, dass gerade die Vielfältigkeit des Ausgangspunkts in der Methode, die zum gleichen Ergebnis im Ganzen führt, selber wieder eine Bestätigung des Endergebnisses ist.

Freilich, solange in einer Epoche auch auf demselben grundsätzlichen Standpunkt der klaren Unterscheidung zwischen Schöpfer und Geschöpf mehrere streitende Systeme einander gegenüberstehen, kann es nicht zu einer einheitlichen Bewertung der Philosophiegeschichte kommen. Das Selbstverständnis der Philosophie und die Durchbildung des anthropologischen Systems sind dann immer noch nicht vollendet. Deutinger hat von seinem System aus sehr feinsinnige Einblicke in den Zusammenhang der philosophischen Geistesentwicklung gewonnen. Er hat durch die vorwiegende Bewertung der analogia entis als der entscheidenden philosophischen Methode schon Raimund von Sabunde und Nikolaus von Cues als die eigentlichen Begründer der neuzeitlichen Philosophie betrachtet und dementsprechend Descartes nur als Idealisten neben dem Realisten Bacon in die philosophische Gesamtentwicklung eingereiht.

Eben dieses Schwanken in der Gesamtauffassung der Philosophie und Anthropologie ist ein Hauptgrund für den Sturz der christlichen Philosophie des 19. Jahrhunderts in Deutschland geworden. Die Erneuerung und Umbildung des Cartesianismus ist nicht fertig geworden und von der Neuscholastik abgelöst worden. Dennoch hat sie ein bleibendes Verdienst: Sie hat die Fragestellungen aufgerollt, die auch heute noch und heute gerade wieder im Vordergrund eines kritischen Philosophierens stehen müssen: was ist Philosophie der Philosophie, was ist über den verschiedenen typischen Teilsystemen das einzig richtige metaphysische System, was sind die vorherrschenden Methoden der Philosophie auf ihren verschiedenen Entwicklungsstufen, inwiefern ist die Anthropologie das Bezugssystem der charakteristischen Teilphilosophien und inwiefern ergibt eine kritische Anthropologie neue Gesichtspunkte für das Leib-Seele-Geistproblem?

[...] Auch Martin Deutinger hat die Problematik [292] der Philosophieentwicklung und Methodenlehre noch zu sehr konstruktiv gesehen und ist dem wirklichen dialektischen Gang der Philosophiegeschichte trotz seiner energischen Betonung der Freiheit nicht ganz gerecht geworden. Aber auch er hat uns damit eine Anregung und Aufgabe hinterlassen, an der weiter gearbeitet werden muss.«

Neben dem Bezug zu Descartes versuchte Deutinger als einer der wenigen katholischen Denker des 19. Jahrhunderts, die frühromantische Philosophie der Dichtkunst im Sinne einer *correctio fraterna* mit einer christlichen zu konfrontieren.[7] Dabei neigt er sich jedoch nicht so weit vor wie Friedrich Schlegel, der der Poesie die Rolle eines doppelgesichtigen *clef de voûte* der Philosophie zuschreibt: »Wo die Philosophie aufhört, muss die Poesie anfangen.«[8] Dennoch spielt die Dichtkunst in der Kunstphilosophie Deutingers eine, wenn nicht die Philosophie, so doch die anderen Kunstgattungen einholende Rolle. Letzteres teilt er mit allen großen Köpfen der

[7] Kaufmann 1953. Henckamnn 1966. Osinski 1993. Stockinger 1988.

[8] K. W. F. Schlegel (1959), Werke. Kritische Ausgabe Band II, hg. von E. Behler, Paderborn u.a., 261, Nr. 48.

Romantik, wie Schelling, Schlegel, Novalis oder Hölderlin.[9] Dies wäre zunächst ein äußerer Grund und Anstoß, um zu verstehen, warum der Poesie in Deutingers Konzeption ein so großes Gewicht zugestanden wird. Dieser äußere, als zeitlicher und räumlicher Aspekt wäre jedoch nur die Basis zum Plagiat. Die Konfrontation mit dem inneren Eigenleben über die Kritik an seinen Vorgängern lässt Deutinger eine eigene, christliche Theorie der Dichtkunst entwerfen.[10]

Die Kritik an seinen Vorgängern lässt sich so beschreiben, dass er dem Anspruch, Kunst sei absolute Philosophie weil deren absolutes Reflexionsmedium und der Künstler in der Kreation ein absolutes Ich, weil er im Artefakt die Differenz von Subjekt und Objekt aufhebt, die Frage entgegenstellt, ob der Künstler im Schaffen denn wirklich die Subjekt-Objekt-Differenz aufhebt, wenn dieser Akt als ein natürlicher gesetzt wird, und wenn er dies tatsächlich tun sollte, ob denn nicht noch eine Stufe dazwischenzuschalten wäre, da die Aufhebung der Subjekt-Objekt-Differenz nicht notwendig das Attribut des Absoluten verdiene. Vielmehr sei doch das Absolute selbst der Dialektik enthoben, weshalb man es auch nicht als Koinzidenz von Subjekt und Objekt bezeichnen könnte, da diese noch auf der Ebene der Dialektik verbleibt.[11] Zum anderen steht hinter Deutingers Begriff des Absoluten ein Konkretum: der christliche, personale Gott.[12]

Auch wenn Deutingers Begriff des Gewissens auf den ersten Blick gewisse Ähnlichkeiten mit dieser aufweisen sollte, stößt die Unmittelbarkeit einer *intellektuellen Anschauung*, wie sie von den Romantikern propagiert

---

[9] Schultze 1916. Fels 1936.

[10] Martin Deutinger, Über das Verhältnis der Poesie zur Religion, hrsg. von Karl Muth (Kempten/München 1915). Muth 1909.1913. Ettlinger 1927.

[11] Martin Deutinger, Grundlinien einer positiven Philosophie, Band 4: Die Kunstlehre (Regensburg 1845) 28ff. Berger 1985.

[12] Braun 1988. Drews 1900. Sattel 1905.

wurde, bei Deutinger auf Ablehnung, da der Mensch die Einheit von Gefühl und Vernunft nicht retrospektiv über die Unvordenklichkeit der Existenz im Ich, sondern rein teleologisch im personalen Akt einholen kann, welcher jedoch nie über seine Analogizität hinauskommt. Genau dieser Personbegriff ist nun die Zwischenschaltung, von der oben die Rede war.[13]

So ist folglich die Dichtkunst bei Deutinger eingebettet in die Immanenz der Dialektik und verliert den Absolutheitsanspruch, den sie in der Romantik besaß. Dichtkunst wird sozusagen vermenschlicht. Deutinger fasst Kunst allgemein als die Manifestation des Könnens, einer *Potenz der Subjektivität*, neben der des Denkens und der des Tuns, auf die es rückbezogen bleibt. Wie bei den Romantikern bleibt jedoch die Kunstproduktion mit dem Prozess des Selbstbewusstseins verbunden. Dieses Können stellt eine Auswärtsbewegung dar in Form einer Verobjektivierung der innerlich geschauten Idee. Darin offenbart sich des Menschen Macht über die Natur, was Deutinger mit einem Akt der Freiheit gleichsetzt. So wird sich der Mensch angesichts des anderen seiner selbst, welches er doch auch, wenn auch auf asymmetrische Art und Weise, in sich selbst trägt, bewusst. Das der Poesie Eigene ist nun, dass sie von allen Kunstgattungen am meisten vom zu bearbeitenden Material absieht. Die Poesie kondensiert ihren Stoff selbst durch die »Rückwirkung des Geistes auf die sinnliche Anschauung und [die] Befreiung der sinnlichen Vorstellung von ihrer Äußerlichkeit im Menschen durch die Einheit und den Mittelpunkt des persönlichen Geistes in der Sprache«[14]. Es vollzieht sich hier also größtmögliche Abstraktion. Die Poesie wäre deshalb die durchsichtigste, die transparenteste aller

---

[13] Martin Deutinger, Grundlinien einer positiven Philosophie, Band 4: Die Kunstlehre (Regensburg 1845), 31f.

[14] Martin Deutinger, Grundlinien einer positiven Philosophie, Band 5: die Dichtkunst (Regensburg 1846) 19.

Künste, weil sie formal am wenigsten von den natürlichen Vorgaben determiniert wird. Dadurch wird eine Geistigkeit der Form erreicht, die durchdrungen ist mit dem Freiheitsgehalt der künstlerischen Botschaft.[15]

Was wäre nun Deutinger zufolge das spezifisch Christliche an dieser Poetik? Deutinger meint, dies in seiner Konzeption einer persönlichen Dichtkunst realisiert zu haben. Grundlage hierzu ist sein Verständnis des Wortes, welches er als »Symbol des persönlichen Willens«[16] bezeichnet. Person wäre die Möglichkeit der vitalen menschlichen Einheit der Potenzen der Subjektivität mit dem Freiheitsgehalt der Offenbarung, wie sie schon vom inkarnierten Wort verwirklicht wurde. Das Subjekt könnte so das Andere seiner selbst auf einer höheren Bewusstseinsstufe -, die der Person, - auf analoge Art und Weise einholen. Christliche Poesie wäre somit ein Vorgriff auf die Gewinnung der Einheit des Selbstbewusstseins mithilfe des Rückgriffs auf die sich exemplarisch schon vollzogene Einigung durch Jesus Christus. Letzteren könnte man auf dem Hintergrund der Konzeption des Wortes bei Deutinger in gewisser Weise als ein poetisches Modell verstehen, welches eine Christopoetik begründet.[17] Dieser Ansatz entspricht auch in seiner ästhetischen Fokussierung auf das Wort der Stoßrichtung des hier vorliegenden Textes in Richtung Logik, Dialektik und Metaphysik. Wie die Frage nach einer christlichen Philosophie bleibt jedoch auch die nach einer spezifisch christlichen Kunst offen.[18]

---

[15] Martin Deutinger, Beispiel-Sammlung aus allen wesentlichen Entwicklungsstufen der Dichtkunst als zweite Abteilung der Lehre von dem höchsten Einheitspunkte der Künste in der Poesie (Regensburg 1846).

[16] Martin Deutinger, Das Princip der neuern Philosophie und die christliche Wissenschaft (Regenbsurg 1857) 456.

[17] Bertrand-Pfaff 2004. Ettlinger 1927.

[18] Bertrand-Pfaff 2008, 182.

Schriften Martin Deutingers

Besondere Antworten auf eine allgemeine Frage, oder: Über die wahrscheinliche Zukunft der Philosophie und ihr Verhältnis zum Christentum und zur Theologie. Historisch-Politische Blätter 19, 1841, 333-353.

Über das Verhältnis des hermesischen Systems zur christlichen Wissenschaft. Historisch-Politische Blätter 19, 1841, 658-680.

Das Verhältnis der Kunst zum Christentum (Regensburg 1843).

Grundlinien einer positiven Philosophie als vorläufiger Versuch einer Zurückführung aller Theile der Philosophie auf christliche Principien, Bände 1-7,2 (Regensburg 1843-1853).

Beispiel-Sammlung aus allen wesentlichen Entwicklungsstufen der Dichtkunst als zweite Abteilung der Lehre von dem höchsten Einheitspunkte der Künste in der Poesie (Regensburg 1846).

Grundriss der Moralphilosophie im Auszuge bearbeitet für seine Zuhörer (Dillingen 1847).

Grundriss der Logik (Dillingen 1848).

Bilder des Geistes in Kunst und Natur, Bände 1-3 (Augsburg 1850f).

Der Geist der christlichen Überlieferung (Regensburg 1850f).

Siloah. Zeitschrift für religiösen Fortschritt inner der Kirche, Bände 1/2, 1850f.

Die organische Entwicklung der Philosophie in der Geschichte in einem übersichtlichen Grundrisse dargestellt (Dillingen 1851).

Christentum und Humanismus I: Schein und Wesen der menschlichen Bildung. Historisch-Politische Blätter 31, 1853, 133-152.

Das Princip der neuern Philosophie und die christliche Wissenschaft (Regensburg 1857).

Franz von Baaders Verhältnis zur Wissenschaft und zur Kirche. Historisch-Politische Blätter 35, 1857, 85-105.165-178. 113.

Die Rohmer'schen Phantasien. Historisch-Politische Blätter 36, 1858, 629-665.

Beitrag zur Lösung der Streitfrage über das Verhältnis der Philosophie und Theologie. Sonderdruck der Augsburger Postzeitung 1861.

Das Evangelium nach dem Apostel Johannes (Freiburg i. Br./Regensburg 1862f., später unter dem Titel: Das Reich Gottes nach dem Apostel Johannes veröffentlicht).

Das Verhältnis der Freiheit der Wissenschaft zur kirchlichen Auctorität. In: Pius Bonifatius Gams (Hrsg.), Verhandlungen der Versammlung katholischer Gelehrter in München vom 28. Sept. bis 1. Okt. 1863 (Regensburg 1863) 98-106.

Renan und das Wunder. Ein Beitrag zur christlichen Apologetik (München 1864).

Artikel: Abälard, Analyse, Anschauung, Anthropologie, Apriori, Aristoteles, Atheismus, Baader, Bacon, Beweis, Böhme, Bonaventura, Böse, Bovillus. In: Allgemeine Realencyclopädie oder Conversationslexikon für alle Stände (Regensburg ^{3}1865).

Der gegenwärtige Zustand der deutschen Philosophie (München 1866).

Bilder des Geistes in den Werken der Kunst, hrsg. von Lorenz Kastner, (München 1866).

Die christliche Ethik nach dem Apostel Johannes (Regensburg 1867).

Über das Verhältnis der Poesie zur Religion, hrsg. von Karl Muth, (Kempten/München 1915).

Von Gott und der Schöpfung (Nürnberg 1946).

Zum Text

Der Text *Philosophische Meditationen über den letzten Grund des menschlichen Wissens* ist veröffentlicht in der von Martin Deutinger selbst herausgegebenen Zeitschrift *Siloah. Zeitschrift für religiösen Fortschritt inner der Kirche* als Artikelserie auf den Seiten: 709-712. 729-732. 753-757. 777-781. 801-806. 825-830. 849-854. 875-880. 901-904. 921-927. 945-950. 969-974. 1021-1024. 1041-1047. 1065-1068. 1089-1092. 1113-1117. 1138-1142. 1165-1168. 1188-1191. 1209-1215. 1233-1234. Die Zeitschrift *Siloah* wurde vom Verlag der K. Kollmann'schen Buchhandlung (Augsburg) ab 1850 veröffentlicht und dann 1851 eingestellt. Diesen Ausführungen liegen Deutingers Münchner Vorlesungen von 1846 zur Einleitung in die Philosophiegeschichte in einer umgearbeiteten und erweiterten Fassung zugrunde. Sie stellen in gewisser Weise einen Vorgriff dar auf sein Princip der neueren Philosophie und die christliche Wissenschaft (Regensburg), das 1857 erscheinen wird. In eckigen Klammern befinden sich die entsprechenden Seitenzahlen aus der Zeitschrift *Siloah*. Die *Philosophischen Meditationen* befinden sich im Nachlass von Martin Deutinger (4° Cod.ms. 934) zusammengefasst unter dem Punkt 2,5. Enthalten ist eine (unvollständige) Abschrift von Deutingers Münchner Vorlesungen, wie bereits bei Lorenz Kastner (Martin Deutingers Leben und Schriften, München, 1875) erwähnt. Es fehlen dort die Manuskriptseiten 33-36, 95-98, 101-106 und 151ff (= Schluss). Sodann befindet sich noch eine weitere unvollständige Abschrift, die insgesamt aus 6 Blättern besteht sowie ein mit handschriftlichen Korrekturen versehenes Exemplar aus der Zeitschrift *Siloah* (Seiten 1021/1022; 1047/1048; [1065]-1068; 1091/1092; [1113]-1118; [1137]-1142; 1165-1168; 1187-1192; 1209-1216; [1233]/1234) im Nachlass. Die im Siloahtext gesperrten Stellen sind im vorliegenden Text kursiv gehalten. Die ursprüngliche Rechtschreibung wurde beibehalten.

Philosophische Meditationen über den letzten Grund des menschlichen Wissens

Martin Deutinger

[709][19]

I. Die natürliche Anlage aller Menschen zur Philosophie.

Jeder Mensch kann in der Offenbarung seines inneren Lebens und Denkens nur von sich selber ausgehen. Allein wo liegt nun der Inzidenzpunkt, wo die Gedankenreihe des Einen in den von seinem Denken unabhängigen Gedankengang eines anderen und etwa gar vieler anderer Menschen eingreift? Der Mensch begreift stets nur das Gleichartige. Nur in [710] dem, worin mein Denken und Fühlen mit dem aller anderen Menschen zusammentrifft, nur darin kann ich allen anderen Menschen verständlich werden. Darin also, worin alle Menschen einem gleichartigen Gesetze des Erkennens unterliegen, darin liegt der Grund und somit auch die Möglichkeit eines gemeinsamen Verständnisses. Alles, was man denkt und spricht, muß daher irgendwo mit einem solchen gemeinsamen Grunde zusammenhängen, sonst würde es gar nicht verstanden werden können.

Die Zurückführung des Einzelnen auf einen solchen gemeinsamen Erkenntnisgrund ist aber eine so schwierige Sache, daß die ganze Menschheit bis auf den heutigen Tag zwar nach dieser Einheit gestrebt, aber mit diesem Streben noch keineswegs zu Ende gekommen ist.

Jeder hat seine eigenen Ansichten und Erfahrungen, von denen er als von seinem ihm liebgewordenen Eigentum ausgeht und mit denen er alles, was er anhören und weiter hinzufügen will, vergleichen wird. Kommt zu dieser Eigentümlichkeit dann auch noch der Wille hinzu, die eigene Ansicht als die beste festzuhalten, so ist das Verständnis eines anderen, wenn nicht geradezu unmöglich, doch wenigstens sehr schwierig. Nichts macht untauglicher zur Würdigung des allgemeinen Erkenntnisgrundes als das ei-

[19] In den eckigen Klammern befinden sich die entsprechenden Seitenzahlen des Textes aus der Zeitschrift *Siloah*.

genwillige Festhalten an einem sonderheitlichen Standpunkt. *Besser ist Unwissenheit als ein eingebildetes Wissen.* Mit Recht forderte daher *Sokrates* die Einsicht und das Bekenntnis des eigenen Nichtwissens als die unerläßliche Vorbedingung aller wahren Erkenntnis. Nichts ist aber auch schwerer abzulegen.

Nur das Streben, unsere eigene Ansicht zu erweitern und zur allgemeinen Erkenntnis auszudehnen, kann uns hörend oder lesend zur Aufnahme der Lehre eines anderen hinziehen.

Ist aber diese Liebe zur Erweiterung und Berichtigung der eigenen Erkenntnis der Grund unserer Teilnahme an dem wissenschaftlichen Erwerb eines anderen, und ist dieselbe Liebe es, die dem Strebenden nach einem höchsten Ziele der Erkenntnis Mut gibt, auszuharren und selbst auf die Gefahr hin, mißverstanden zu werden, seine Überzeugung mitzuteilen, so ist ja offenbar schon ein gemeinschaftlicher Punkt des gegenseitigen Verständnisses erreicht.

Das bewußte sowohl als das dunkel geahnte Gefühl der Möglichkeit eines allen Menschen gemeinsamen Erkenntnisgrundes, in welchem die einzelnen Erkenntnisquellen ihren letzten und allgemeinsten Einheitspunkt besitzen und durch welche alles zerstreute Wissen zu einem Gesamtwissen, zu einer organischen Einheit verbunden wird, ist an sich schon Philosophie.

In diesem Streben stimmen aber im Grunde alle Menschen miteinander überein. Alle Menschen würden philosophieren, wenn sie dem geistigen Bedürfnis des Erkennens gehorchen wollten. Jeder Mensch ist ein geborener Kandidat der Philosophie. Nur das entschiedene Abweisen des innersten Gefühls durch einen vorherrschend künstlerischen oder tätigen Lebens[711]drang einerseits, oder durch Eitelkeit, Trägheit und Leidenschaft andererseits, kann diesen natürlichen Zug beschränken oder aufheben. Der erste Atemzug unseres Bewußtseins ist ein philosophischer. Wie der Mensch um sich schaut, ist er schon bereit, für alles, was er sieht, einen inneren Einheitspunkt geltend und sich zum Mittelpunkt der Welt zu machen. Nur inwieweit mein Sinn in die Dinge eingedrungen ist, nur insoweit bin ich ihrer gewiß.

Jeder Mensch bildet sich in seinen Gedanken seine eigene Ansicht über die Erscheinungen des Lebens. Jede subjektiv von einem individuellen Menschen gebildete Ansicht ist der Anfang des eigentlichen, philosophischen Lebens. Jede Ansicht, die ich mir über einen Gegenstand bilde, ist ein selbsttätiges Anschauen und Abwägen des Objektes mit meinem individuell menschlichen Erkennungsvermögen; ist der Gesichtspunkt, in welchem mir eine Sache als wahr und richtig erscheint. Diese Ansichten umfassen aber stets nur einen geringen Kreis von Erfahrungen. Die Philosophie aber unterscheidet sich dadurch von diesem individuellen Standpunkt des Einzelsehens, daß sie eine Universalansicht zu gewinnen sucht; daß sie nur in einem Obersatz sich zufriedengeben kann, in welchem alle Objektivität der sich offenbarenden Wesenheiten außer dem Menschen mit dem subjektiv denkenden Geiste in ein einfach notwendiges Verhältnis gebracht wird. Nicht was mir wahr scheint, ist darum auch schon wirklich wahr, weil ich es dafür halte. Das Wahre ist es für alle Menschen. In dieser Allgemeinheit liegt die Überzeugung, in ihr beruht der Grund des gegenseitigen Verständnisses der einzelnen untereinander.

Der Mensch hat daher stets nach diesem allgemein wahren Erkenntnisgrund gestrebt, durch den jede singuläre Erfahrung und Erkenntnis allen anderen mitgeteilt und verständlich gemacht werden kann, und hat dies *Suchen* und *Feststellen* eines *höchsten Erkenntnisgrundes Philosophie* genannt. Die Philosophie ist darum eine wesentliche Aufgabe des menschlichen Lebens. Ehe die Menschheit damit zum Abschluß gekommen ist, kann die Geschichte der Zeiten auch nicht zum Schluß kommen.

Wenn der Mensch aber das natürliche Bestreben nach Erkenntnis zwar nach und nach unterdrücken, aber nie ganz verleugnen kann, so ist klar, daß das Streben nach einer höchsten Einheit, nach der Quelle dieses Strebens, eine allgemeine Angelegenheit der Menschen ist, an der selbst, wenn die Einzelnen sich dieser Entwicklung entziehen, die Gesamtheit der Menschen stets einen lebendigen Anteil nimmt. Dem natürlichen Drang des Erkennens gehorchend und ganz gehorchend wird der Mensch unausbleiblich zum Philosophen.

Was aber ursprünglich im Menschen als Anlage liegt, das muß die Menschheit auch nach seiner ganzen Möglichkeit durchführen. Das Streben, die *Dinge außer uns mit unserer Subjektivität in Berührung zu setzen*, welches wir *Denken* nennen, ist aber eine solche wesentliche, [712] menschliche Anlage, und kein Mensch kann sich diesem Streben ganz entziehen, nur daß leider die bei weitem größte Zahl der Menschen dieses Bestreben nicht bis zum Ziele führen will; folglich muß die *Philosophie* als eine *wesentliche Aufgabe der Menschheit* betrachtet werden. Diese Aufgabe ist aber mit Entschiedenheit zunächst denjenigen gestellt, die einer wissenschaftlichen Laufbahn sich widmen. Jede Wissenschaft ist dieses nur durch ihre Teilnahme an der Philosophie. Jedes Wissen im einzelnen muß teilnehmen an dem allgemeinen Wissen. Die Philosophie aber ist das Streben, den Grund alles wahren Wissens überhaupt zu gewinnen. Ohne allgemeinen Grund aber kann es keinen besonderen geben. Die Methode, welche die Erkenntnis der Beziehung aller Objektivität zur subjektiv - erkennenden und wollenden Individualität bestimmt, ist maßgebend für die Beziehung jedes einzelnen Objektes zu dieser Subjektivität. Jede Wissenschaft hat den Zweck, etwas zu erkennen; die Philosophie aber hat den Zweck, den Grund alles Erkennens zu erkennen; folglich ist sie die Wissenschaft der Wissenschaft, ohne die ein wissenschaftliches Erkennen gar nicht bestehen könnte.

Darum kann sich keine Wissenschaft dem Einfluß der Philosophie entziehen, ebensowenig das Leben. Das Leben ist der natürliche Verlauf der Entwicklung der menschlichen Tätigkeit, zu dieser gehört wesentlich die Erkenntnis. Der Mittelpunkt alles Erkennens liegt in der Philosophie: folglich bildete und bildet sie immer ein wesentliches Glied in der Entwicklung der Menschheit.

Gerade über diesen *Einfluß* der Philosophie wird aber in der *neuesten Zeit* als über einen höchst verderblichen aufs heftigste Klage geführt. Der Aussage der Philosophie, daß sie eine allgemeine Wahrheit finden wolle, wird zuerst mit der Bemerkung begegnet, daß alles philosophische Streben bisher immer nur das Gegenteil ans Licht gefördert, indem sich immer *jedes philosophische System* nur durch den *Widerspruch* mit seinem *Vorgänger gebildet* habe. Die philosophische Welt sei eine Welt voller Widersprüche. Wehe dem, der in diesem Wirbel sich verliere! Sein Untergang sei in diesem Widerstreit entgegengesetzter Ansichten unvermeidlich.

Am gefährlichsten aber sei nicht das Widerstreiten der philosophischen Systeme untereinander, sondern insbesondere ihr *Gegensatz* mit dem allgemein Wahren und Verständlichen und zugleich mit dem allein objektiv und übernatürlich Wahren, mit der *Offenbarung*. Der Glaube an die Offenbarung gibt objektive, allen Menschen zugängliche Wahrheit und vollkommene Sicherheit. Diesen *Glauben zerstört* die Philosophie. Folglich ist ihre ganze Entwicklung im höchsten Grade verderblich.

[729] Der Schluß ist in der Tat bündig genug, sobald es mit den Obersätzen seine Richtigkeit hat. Hier aber lassen sich leider einige unrichtige Begriffe betreffen, die dem Ganzen ein ganz anderes Ansehen geben, sobald sie recht angesehen werden.

Das objektiv Gegebene ist vor allem noch keine erkannte Wahrheit, sondern eben eine geglaubte, nur in dem Sinne richtig, als wir dabei die Möglichkeit der Erkenntnis ins Auge fassen. Ein Glaube ohne alle Erkenntnis ist aber gar nicht denkbar. Wer gar nichts erkennt, kann auch nicht glauben. Wenn wir von einer geoffenbarten Wahrheit reden, so verstehen wir darunter eine der Erkenntnis des Wahren für den Menschen zugängliche Offenbarung. Nun ist zwar der Glaube ein unveräußerlicher Grund aller Erkenntnis, aber nicht diese selbst. Entweder ist nämlich die objektive Wahrheit jedem Menschen zur Erkenntnis zwingend oder nicht. Im ersten Falle kann sie auch nicht geglaubt werden, denn der Glaube ist nur mit Freiheit denkbar. Was gänzlich unfrei ist, kann keinen Glauben haben. Im zweiten Falle ist die Erkenntnis entweder eine zufällige oder eine bloß freie oder eine teilweise freie, teilweise unfreie. Ist sie bloß zufällig, so hängt sie nicht von mir ab, sondern von einer blinden Äußerlichkeit, die mit keiner Erkenntnis zusammenhängt und notwendig Überglaube sein muß. Nur das, wofür es keinen denkbaren Grund geben kann, [730] ist zufällig. Ist sie bloß frei, so beruht sie auf rein persönlichen Verhältnissen eines gänzlich freien Wesens zu gleichfalls gänzlich freien Wesen; dann ist sie göttlich und außerhalb dem Glauben und keine Offenbarung mehr. Folglich, wenn Erkenntnis ist, kann sie nur eine zugleich freie und notwendige oder eine wechselwirkende sein. Eine reine Objektivität gibt es daher in der erkannten Wahrheit nicht, sondern nur in der unerkannten.

Der Obersatz ist folglich unrichtig. Der Untersatz, daß alle Philosophie den Glauben zerstöre, ist gleichfalls unrichtig. Nur *Resultate* der Philosophie streiten gegen objektiv ausgesprochene Glaubenslehren, weil die philosophische Erkenntnis auf dem doppelten Grunde der Freiheit und Notwendigkeit zugleich beruht. Das *Wesen* und die *Wahrheit der Philosophie* liegt aber *nicht* in den *Resultaten*, sondern in der Methode. Die Philosophie sucht nicht einzelne *Wahrheiten*, sondern den obersten subjektiven *Erkenntnisgrund* für alle Wahrheiten. Aus unrichtigen Resultaten läßt sich aber nicht einmal ein Schluß auf die Unrichtigkeit des Obersatzes ziehen, sondern nur umgekehrt läßt sich von dem Prinzip auf die Resultate schließen. Ist dieses falsch, so müssen die Folgerungen notwendig auch unrichtig sein. Das Philosophieren und die Philosophie als solche streiten nun offenbar nicht gegen den Glauben, sondern ihr ganzes Bestreben geht auf die höchste Einheit mit ihm. Wollte sie das objektiv Gegebene nicht auch in der Einheit mit dem subjektiv freien und natürlichen Erkenntnisgrunde besitzen, so würde sie gar nicht einmal daran zweifeln. Daß sie zweifelt, ist das Zeugnis, daß sie Einheit will. Aller Gegensatz setzt aber eine mögliche Einheit voraus, und nur im Gegensatz kann eine höhere Einheit sich offenbaren.

Diese Einheit ist der verborgene Grund, durch den alle sich nach und nach entwickelnden Gegensätze erst möglich werden. Im Anfang ist die Einheit eine unbewußte. Sie muß in die Verschiedenheit und in die Unterscheidung eintreten, denn wenn ich nicht unterscheide, erkenne ich nichts. Jeder Unterschied ist aber schon ein Gegensatz. Alle Untersuchung muß daher durch Widersprüche hindurch gehen. Diese *Widersprüche* haben aber eine *innere Einheit* und einen allgemeinen Grund *in der menschlichen Natur*. Sie sind die Entwicklung der Möglichkeit und die allmähliche Ausscheidung des Scheines von der Wahrheit.

Dieses allmähliche Ausscheiden kann aber nur auf historischen Wege erkannt werden. Die Gegenwart ist nur aus der Vergangenheit zu erklären; nur die Geschichte kann den Zusammenhang in den einzelnen Gegensätzen zeigen. Nur sie kann dartun, wie ein jeder Gegensatz, der einem anderen auf gleicher Stufe gegenübertritt, eine Einheit hervorruft. Aus dieser

Ordnung läßt sich erst der wahre Fortschritt, die notwendige Gliederung, das organische Wachstum an der Wissenschaft erkennen. In diesem Fortschritt ist es möglich, die richtige Stellung der Gegenwart zu erfassen, deren Würdigung dann erfolgt, wenn wir dadurch in den Stand gesetzt sind, alle [731] einzelnen Glieder derselben mit der allgemeinen Anlage in Vergleichung zu bringen. Aus der Vergleichung des Besonderen mit dem Allgemeinen geht die Erkenntnis der verborgenen Einheit hervor.

Haben wir aber das einheitliche höchste Prinzip der Philosophie gefunden, - und die Geschichte wird offenbaren, ob das Allgemeine bereits soweit durch die Besonderheit der Entwicklung erschöpft ist, daß zur Bestimmung dieser Einheit jetzt schon geschritten werden kann - so können wir in dieser Einheit alle vorausgehenden Widersprüche lösen und damit auch der *Gegenwart* aus ihren heftig erbitterten Gegensätzen eine freiere, kräftigere und entschiedenere Zukunft bereiten.

An der *Möglichkeit* einer Lösung dieser Gegensätze kann aber für uns kein wirklicher Zweifel sein. Dem, der an die christliche Offenbarung glaubt, ist es ohnehin gewiß, daß das Natürliche mit dem Übernatürlichen, die menschlichen Kräfte mit der göttlichen Offenbarung in keinem absoluten Widerspruch stehen können, weil das Christentum eine höchste Vereinigung der menschlichen Natur mit der göttlichen in der einen Person Christi zur ersten Voraussetzung seiner Lehre macht; wo aber dieser Glaube nicht ist, da muß das Vertrauen auf die Wissenschaft selbst einstweilen die Stelle derselben vertreten; denn im subjektiven Sinne ist auch die Hoffnung auf erreichbare, höhere Erkenntnis des Verhältnisses der Menschheit zu Gott und zur Natur Glaube. Ich sage *einstweilen*, denn ich hoffe, mit Evidenz darlegen zu können, daß es wirklich ein solches *Prinzip* gibt, durch das der *Streit* zwischen *Glauben* und *Wissen vollständig gelöst*, und die sichere Erkenntnis errungen wird, daß der Glaube, der den Prinzipien der Erkenntnis widersprechen würde, auch der menschlichen Natur widersprechen müßte und also nicht der christliche sein könne; und daß ein Wissen, das dem Glauben widerspricht, mit sich selbst im Widerspruch stehen müßte.

Ein solches Prinzip ist durch die Geschichte vorbereitet. *Die Zeit* ist gekommen, den wahren *übernatürlichen Inhalt der scholastischen Theologie* mit der *natürlichen Methode der subjektiven Philosophie* zu vereinen und an die Stelle der entlehnten Form des Mittelalters und des entlehnten Inhaltes der neueren Philosophie ein positives System aufzustellen, in welchem Objekt und Subjekt, Glauben und Wissen in ihrer vollen Harmonie zum friedlichen Bewußtsein gebracht werden. Dieses Prinzip kann, weil es aus der Geschichte hervorgeht, auch auf historischem Wege am leichtesten errungen werden.

Die *Geschichte* ist aber nicht anders als die wirkliche und einzelne Entwicklung dessen, was im Menschen in der Anlage schon vorhanden ist und was in der Zeit in seinen Unterschieden nach und nach entsteht. Eine wahre Geschichte ist nur da, wo das allmähliche Entstehen des einzelnen aus der allgemeinen Anlage in seinem Fortschritt zu einer letzten und höchsten Einheit nachgewiesen wird. Durch eine solche Nachweisung [732] wird die äußere Erscheinung aus ihrer inneren Anlage und aus ihrem höheren Prinzip klar; eine Widerlage stützt die andere, und beide wölben sich zum frei schwebenden Bogen. Mit der Klarheit der Entwicklung des menschlichen *Gedankenganges* läßt sich dann auch die Entwicklung des menschlichen *Könnens*, des ganzen Gebietes der wahren Kunst in gleicher organischer Aufeinanderfolge begreifen. Indem aber beide wieder ineinander greifen, weisen sie auf eine höhere, einheitliche Kraft des Menschen, auf seine *sittliche Tatkraft* hin, die in gleicher historischer Entwicklung sich entfaltet. Mit dieser ist die höchste mittlere Einheit zwischen der Notwendigkeit des Naturlebens und der Freiheit des Glaubenslebens gefunden, und die Religion wird nach der richtigen Erkenntnis jener natürlichen Grundlagen gleichfalls zur wissenschaftlichen Erkenntnis ihres natürlichen Verhältnisses zur Geschichte und zum einzelnen Menschen gebracht werden können.

Wo einmal eine Beziehung vollkommen klar geworden, da lassen alle anderen mit Leichtigkeit sich begreifen. Ich habe daher die Geschichte der Philosophie als den einfachen wissenschaftlichen Ausgangspunkt angesehen, indem ein Verständnis und eine *wirkliche Ausgleichung der in der Gegenwart obschwebenden Streitfragen* allein möglich ist. Der Weg ist uns dabei ohnehin vorgezeichnet. Wir müssen zuerst die einfache Anlage der *menschlichen Natur* aus einen allen Menschen ohne weiteres zugänglichen Ausgangspunkte erklären. Aus diesem Samenkorn wird dann, wenn es in den Grund der Geschichte ausgeworfen wird, von selbst der Baum erwachsen, in dessen einfachen Stamm alle Zweige der entgegengesetzten Bestrebungen zusammenlaufen. Aus der richtigen Erkenntnis des inneren fortschreitenden Verhältnisses des Widerspruches muß sich das einheitliche Prinzip ergeben, das alle Folgen samt ihrem Grunde beherrscht, und in diesem Prinzip gibt sich die Lösung aller Widersprüche von selbst.

[753]

II. Die Gesetze der Geschichte, in denen das Streben nach einem höchsten Erkenntnisgrund sich kundgeben mußte.

Ehe der Mensch eine Reise beginnt, soll er sich zuerst im Allgemeinen mit dem Ziel seiner Reise und mit dem Plan des Weges bekannt machen, wenn er sie mit Nutzen vollenden will. Was von dem gewöhnlichen Leben gilt, das ist in noch höherem Grade von einer geistigen Wanderschaft der Fall. Ist es im ersten Fall nützlich zu wissen, *wohin und auf welchem Wege* man wandern will, so ist es im zweiten durchaus notwendig. Das *Ziel* dieser unserer gemeinsamen Wanderung haben wir bereits bestimmt, nämlich jede Erkenntnis auf einen allgemeinen, für alle gültigen Erkenntnisgrund zurückzuführen. Dieses Ziel ist es, was ein jeder erwartet, was der Gläubige und Nichtgläubige als Erreichbares voraussetzt; sonst würde er überhaupt gar nicht streben. Nun kommen wir an den zweiten Punkt, uns vorläufig mit dem *Plan* unseres Weges bekannt zu machen, damit wir Schritt für Schritt mit Sicherheit zurücklegen, wenn wir das Ziel und die leitende Magnetnadel stets im Auge behalten können.

Ist es unser Vorsatz, der Bewegung des menschlichen Gedankens in seinem historischen Verlauf nachzugehen, so ist mit dieser Aufgabe zum Teil auch schon der Weg angedeutet, der uns zum Ziel führt. Jede Geschichte ist aber nur als Fortschritt zu begreifen, als die sich allmählich und zeitlich entwickelnde Offenbarung einer inneren Lebenseinheit in einer äußeren [754] Grundlage. In jeder Geschichte offenbart sich somit die Bewegung eines Einen durch ein entgegengesetztes Anderes zu einem verborgenen Dritten. Dieses Dritte ist eben die verborgene Einheit, die nicht an sich, sondern nur in dem Verhältnis der untergeordneten Gegensätze sichtbar werden kann. So wird, um mir ein Beispiel zu erlauben, die Entwicklungsgeschichte eines Baumes sich dadurch gestalten, daß zuerst der keimende Same in einen Gegensatz von oben und unten eintritt, der sich auf der einen Seite in den Kotyledonen, auf der anderen in der Wurzel manifestiert, dann aber in den Gegensatz von innen und außen übergeht, in welchem er das Blatt und die Blüte, und endlich aus dieser den Samen erzeugt. Die Geschichte ist das Sichtbarwerden des Geistes in seiner Wirkung auf die Natur; das Sichsehen des Geistes in einem anderen, und das Sichtbarmachen desselben ist das Geschehene, und der Zusammenhang dieser Wechselwirkung in dem Verhältnis der zeitlichen Aufeinanderfolge gibt die Geschichte.

Jede Geschichte kann daher nur als die durch eine höhere Einheit geleitete Aufeinanderfolge der gegenseitigen Wirkung zweier Gegensätze betrachtet werden. Wir scheiden da an der Geschichte ein *Dreifaches* aus: zuerst die Aufeinanderfolge überhaupt als *zeitliche* Folgenreihe, dann die Aufeinanderfolge in ihrem *inneren* Zusammenhang, und endlich das innere, sich allmählich offenbarende *Prinzip*. So erhalten wir, wie in der Metaphysik, auch in der Geschichte eine neunfache Kategorienreihe, indem sich:

- *die äußere Erscheinung* in Gegenwart, Vergangenheit und Zukunft teilt,
- *das innere Verhältnis* in Allgemeinheit, Besonderheit und Einheit sich darlegt, und
- *der wirkliche Fortschritt* in Anfang, Ende und Mitte auseinandergeht.

Von diesen drei Verhältnissen ist aber nur ein einziges äußerlich gegeben; die beiden anderen müssen erst gefunden werden. Alle drei stehen aber in einer inneren, notwendigen Beziehung zueinander, und wo das eine nicht erkannt ist, da bleiben auch die anderen in ihrem wahren Verstande verschlossen.

Von allem Sein ist aber das Allgemeine als der innere Anfang zu denken; aus ihm allein kann erst das Besondere hervorgehen. In das Allgemeine tritt die Sonderung und Scheidung. So ist die Geschichte der Schöpfung eine Geschichte der allmählichen Scheidung und des Überganges von dem *Allgemeinen* in sein eigenes Gegenteil, in die *Besonderheit* durch eine höhere *Einheit*. Dies *Gesetz der Schöpfungsgeschichte ist das Gesetz aller Geschichte.* Alles geht aus einem unbewußten Zustand, aus dem Gegenteil von sich selber aus, um darin eine höhere, einheitliche Vermittlung zu offenbaren.

[755] Somit offenbart sich mit der ersten Bewegung des Allgemeinen auch schon der Gegensatz. Ohne Gegensatz ist gar keine Bewegung möglich. Es kann nichts werden außer im Übergang von dem, was es nicht war, zu dem, was es noch nicht ist.

Wo also eine Bewegung ist, da ist auch ein Gegensatz, weil aber ein Gegensatz, so ist auch eine innere bindende Einheit, sonst würden sich die Gegensätze nicht miteinander in eine einheitliche Bewegung einlassen. Der Gegensatz ist aber nicht *einfach*, weil er in der Allgemeinheit ist, sondern ein doppelter Gegensatz der Besonderheit, der Allgemeinheit gegenüber und zugleich der Einheit: also ein Individuelles mit Allgemeinem; ein Allgemeines mit Individuellem und endlich der Übergang. Ebensowenig kann der Gegensatz *absolut* sein, sondern er muß ein relativer und folglich ein ternarer sein. Ein absoluter Gegensatz ist unmöglich. Gegensatz im absoluten Sinne ist eine *contradictio in adiecto*. Ist aber ein absoluter Gegensatz unmöglich, so auch eine absolute Vereinigung. Ein absoluter Übergang, ein Werden des Absoluten ist ebenso unmöglich wie ein absolutes Werden, weil alles Werden nur ein Übergang ist. Wo aber eines ins andere übergeht, da ist keines absolut. Es ist daher eine ganz widersinnige Ansicht, aus den Gegensätzen in der Bewegung der Philosophie auf ihren absoluten Widerspruch zu schließen. Gegensätze müssen sein, sonst wäre keine Bewegung vom Unbestimmten zum Bestimmten und zur verborgenen Einheit. Alle philosophischen Systeme müssen miteinander im Gegensatz stehen, sonst könnten sie auch in keinem Zusammenhang miteinander stehen. Es handelt sich nur, von allen diesen Gegensätzen den gemeinschaftlichen Grund aufzusuchen, in diesem die Unterscheidung und in der Unterscheidung die höhere Einheit zu finden, und das ganze Chaos wird sich zu einer organischen Welt umgestalten und der menschliche Geist in seinem Ringen nach der höchsten Wahrheit und Einheit seine Bestimmung erfassen.

In dem Verhältnis von Allgemeinheit, Gegensatz und Einheit liegt daher auch das Verhältnis von Anfang, Mitte und Ende. In der Geschichte kann nichts in das Nacheinander heraustreten, was nicht in einer unzeitlichen Allgemeinheit im Keime gegeben ist. Nur was im Menschen der Anlage nach auf einmal ist, das kann geschichtlich werden. Alle Geschichte in ihrer Besonderheit ist daher wahrhaft zu begreifen in ihrem Verhältnis zur allgemein menschlichen Anlage.

Jede historische Entwicklung muß daher von der menschlichen Natur ausgehen und in der allgemeinen Anlage die Zusammenwirkung der Gegensätze, durch die das Nacheinander hervorgebracht wird, erkennen. Diese Gegensätze in ihrer äußeren Erscheinung bilden den äußeren Anfang. In diesem Anfang ist sogleich ein Doppeltes: das eine Glied des Gegensatzes muß als Grund und das andere als Folge gesetzt werden in dem einen und umgekehrt in dem anderen Falle. Daraus geht von selbst wieder eine [756] dreifache Bewegung hervor. Die überwiegende Äußerlichkeit des einen im Verhältnis zur Innerlichkeit des anderen bildet den Anfang. Der Sieg des anderen über das erstere bildet das Ende, das somit dem Anfang entgegengesetzt sein muß; die obschwebende Gleichheit beider bildet die Mitte. Dasselbe nur im umgekehrten Verhältnis ist mit dem entgegengesetzten Anfangspunkt der Fall. Diese Bewegung führt zu einer einseitigen Umkehrung der ersten Gegensätze in sich und leitet dadurch die höhere Einheit ein.

Ist das eine Grund und das andere Folge, und beide geben eine fortschreitende Bewegung, doch mit der offenbaren Verkehrung ihres eigenen Ausgangspunktes, so muß eine dritte Bewegung eintreten, die ihre völlige Gleichstellung durch die koordinierte Unterordnung unter ein Drittes bewirkt. Als Beispiel dürfte am deutlichsten die Entwicklungsgeschichte der Poesie geben. Auch Philosophie und Poesie in Griechenland geben ein ähnliches Resultat.

Damit ist das allgemeine Gesetz der Geschichte, nach der die Zeit in ihrem inneren Verhältnis erkannt wird, gefunden. Das Nacheinander ist erkannt. Die Anwendung gilt auf jede historische Bewegung. Machen wir sie auf unseren Gegenstand, so muß der Ausgang gleichfalls vom Allgemeinen zum Besonderen und zur Einheit fortschreiten.

Dieser Fortschritt gibt den zweiten von Anfang, Mitte und Ende. Mit beiden geht die chronologische Zeitbestimmung Hand in Hand. *Das Allgemeine der Geschichte* des menschlichen *Denkens ist die menschliche Natur.* Was die Logik als einfaches Gesetz des Denkens erkennt, das kann und nur das kann geschichtlich werden. Das muß aber auch historisch werden. Keine logische Entwicklungsstufe kann in der historischen Entwicklung übersprungen werden. Eine tüchtige, logische Grundlage ist die beste Handleitung zu einer klaren Geschichte der Philosophie, und eine richtige Geschichte der Philosophie wird in dieser Bedeutung von selbst zum philosophischen System, das in drei Teile zerfällt: in die Feststellung der in der menschlichen Natur liegenden allgemeinen Gesetze im Nacheinander der Geschichte und in dem Aufbau eines dadurch vorbereiteten, positiven Systems der Philosophie. Dieselbe Ordnung tritt dann von selbst in den einzelnen Gliedern wieder hervor. Die Natur des Menschen in seiner allgemeinen Anlage zum Denken zu bestimmen, kann nicht ohne weitere innere Gliederung vorgenommen werden.

Das erste, was hierbei geschehen muß, ist, daß ein allgemeiner, *unbestreitbarer Standpunkt* bestimmt werde. Von diesem müssen dann die allgemeinen Gesetze und Potenzen der menschlichen Natur bestimmt, und aus diesen kann erst das besondere Gesetz der Denkbewegung abgeleitet werden.

In der Bestimmung jenes ersten Standpunktes, der ein allen an sich schon bekannter, unbezweifelbarer und unverrückbarer sein muß, müssen wir [757] sogleich wesentlich von der ganzen Methode der bisherigen Philosophie abweichen. An die Stelle eines hypothetischen Obersatzes, der erst in der Folge sich beweisen soll, muß ein Obersatz treten, der an sich aus dem unleugbaren Eingeständnis des einzelnen, zu dem jeder vermöge seiner menschlichen Natur gezwungen ist, hervorgeht und nichts fordert und nichts voraussetzt, als was niemand leugnen kann. Nur auf einen solchen Obersatz läßt sich alles mit Sicherheit zurückführen, und nur von einem solchen Obersatz läßt sich, eben weil er gar nichts, als was jeder an sich zugestehen muß, weil er es nicht leugnen kann, auch wirklich ausgehen. Jeder andere läßt sich erst nach einer vorausgehenden, ohne bewußten und bestimmten Obersatz gemachten philosophischen Errungenschaft begreifen.

[777]

III. Die Unsicherheit der Berufung des Einzelnen auf sich in Erkenntnis allgemeiner Wahrheiten.

Der Mensch ist allen Bestrebungen sich selbst der Nächste, ja er ist der wesentlichste Einheitspunkt all seiner Erkenntnis. Was er nicht selbst und in der Beziehung zu sich selbst erkennt, das erkennt er gar nicht. Wenn aber der Mensch von sich selbst redet, so hat er damit schon kein einfaches Subjekt der Rede bezeichnet, und seine Sätze werden falsch, wenn er irgendein Prädikat ohne weiteres auf dieses selbst anwendet. Er ist ein Mensch überhaupt und ein bestimmter Mensch insbesondere. In dieser seiner Besonderheit ist er aber nicht der Mensch, und sein Bewußtsein ist nicht das schlechthin menschliche, sondern nur inwiefern es der Einseitigkeit seiner Individualität zu entsagen weiß. Dazu drängt ihn aber gerade seine eigene Einseitigkeit. Um sich selbst in seiner eigenen Natur zu begreifen, drängt es ihn, aus seiner Vereinzelung herauszutreten und ein Allgemeines zu suchen. Dieses Allgemeine aber besteht nirgends in der Wirklichkeit, sondern nur als Voraussetzung des Besonderen. Nur nach und nach entwickelt sich die allgemeine Möglichkeit in der Besonderheit zur Existenz. Wo keine Art erscheint, wird niemand eine Gattung suchen können. Er muß sich daher an ein anderes Allgemeines, nämlich an das Notwendige und in dieser Notwendigkeit Gemeinschaftliche, an die sinnliche Erscheinung halten. Wir fühlen und ahnen das Allgemeine, aber wir haben und fassen es nicht. [778] Aber ebensowenig begreifen wir das ganz Besondere. Die bloße Individualität ist völlig begriffslos. Man kann einen Begriff haben von einem Birnbaum, aber nicht von den Individuen. Diese stehen außer der Begreiflichkeit als zufällige Masse und werden in ihrer Sonderlichkeit gar nicht von den Gedanken begriffen. Wer kann alle Unterschiede merken? Zeitliche und räumliche Beziehungen, Ort, Farbe, Größe und ähnliche Eigenschaften sind es, wodurch wir unterscheiden.

Dieses Allgemeine, wodurch alles Individuelle zu uns bezüglich wird, vermögen wir aber ebensowenig an sich, sondern nur in Beziehung zum

Besonderen festzuhalten, weil es uns nur offenbar wird durch das Besondere. Die wahre Erkenntnis besteht daher in dieser Beziehung. Der Mensch ergreift die Außenwelt, und führt sie auf ein Innerliches zurück. Dadurch offenbart sich das eine im anderen. Diese Offenbarung ist eine zweifache, eine poetische und eine philosophische, eine unmittelbare. Der Dichter offenbart uns Geheimnisse unseres eigenen Herzens, die wir erst durch ihn erfahren. Darin besteht aber die Macht des Dichters, daß er das Allgemeine durch ein anderes Allgemeine, aber durch das entgegengesetzte ausspricht. Die Idee drückt er unmittelbar im Bilde aus. So ist das eine Unbegreifliche ein Begreifliches geworden dadurch, daß es mit einem entgegengesetzten Unbegreiflichen verglichen und vereinigt wird. Alles versteht der Mensch durch Vergleichung. Was sich mit einem anderen nicht vergleichen läßt, ist durchaus unverständlich. Das Offenbare muß mit dem Verborgenen verglichen werden; so werden beide verständlich; die sinnliche Anschauung mit dem geistigen Inhalt, mit der tiefsten Allgemeinheit. Dieser Weg ist ein allgemeiner, denn das sinnlich Offenbare ist das allen Menschen Gemeinsame; wird es nun zu dem Allgemeinen bezogen, so daß es durch einen inneren Zusammenhang überwältigt wird, so ist es auch allen klar.

Dazu ist der Dichter durch die Tiefe seiner Natur berechtigt, weil er nicht als Individuum, sondern als Mensch fühlt. Je tiefer der einzelne sich selbst vergessend ins Allgemeine sich versenkt, umso näher ist er allen. Dieses Selbstvergessen ist die wahre Dichterweihe. Jeder Mensch ist zu seiner Stunde ein Dichter; er vergißt sich und fühlt sich ganz als einfache menschliche Natur, geht über die Schranken der Einzelheit hinaus. Je lebendiger aber dieses innerste Gefühl mit einem schon gegebenen Äußeren sich verbindet, umso näher ist es dem anderen. Die Kunst besteht daher in der Harmonie und Kraft dieser Verbindung. Wer irgend etwas auszusprechen gedenkt, muß diesen Weg gehen. Eine sinnliche Anschauung mit der Individualität durchdrungen und zur Allgemeinheit bezogen, gibt das lebendigste Bild, dessen Zauber sein Menschenherz zu widerstehen vermag; Menschen-Nationen, bei denen das eine oder das andere allzu überwiegend ist, kommen zu keiner Darstellung der Schönheit. Diese Darstellung ist das Urgesetz der Offenbarung und der Sprache. Die göttliche Offenbarung ging denselben Weg. Das erste Gebot war ein Ausdruck desselben Gesetzes.

[779] Alle Sprache hat zwei Seiten; die poetische oder künstlerische und die philosophische. Diese verfolgt, obgleich den entgegengesetzten Weg, doch dieselben Gesetze. Aber zu ihr müssen wir erst gelangen; der zunächst und an sich zugängliche Weg ist der des Gefühles. Ein so verschiedenes aber dieses Gefühl auch immer sein mag, so muß es dennoch in einigen und zwar wesentlichen Beziehungen übereinstimmend sein, nämlich darin, worin das rein Menschliche besteht, darin, worin wir alle denselben Bedingungen unterworfen sind, in der Abhängigkeit von der Vergangenheit und Gegenwart. Dieser ungestüme Drang der Gegenwart, mit deren Bildung die unsere so wesentlich zusammenhängt, macht seine unabweisbaren Forderungen an uns. Sie ist das nächste Produkt der Allgemeinheit, ist die naheliegendste Besonderheit. Wir werden nie zum Allgemeinen gelangen, wenn wir nicht die Gegenwart in ihrer ganzen Tiefe verstanden haben. Diese zu schildern, kann aber nicht so leicht sein, sie, die nur in einigen Dingen übereinstimmend ist, in allen anderen entgegengesetzt. Es wird sich daher nicht wohl anders helfen lassen, als daß wir uns irgendeinen fiktiven Menschen denken und ihn in die entscheidendsten Lagen versetzen, die das Menschenherz bedrängen, um an dem lauten Pochen seines Gefühls den Pulsschlag des eigenen Herzens zu behorchen und aus der allgemeinen Möglichkeit dann auf die Besonderheit den einfachen Schluß zu ziehen. An ihm ist die Erscheinung in ihrer Allgemeinheit mit dem menschlichen Gefühl in den bestimmten Gegensätzen wahrnehmbar. Was auch jeder davon abzieht, die Grundlage der Möglichkeit wird uns bleiben, und aus dieser wird sich das notwendige Resultat demungeachtet ableiten lassen. Die Darstellung beabsichtigt nur den Funken des Bewußtseins zu wecken.

Denken wir uns nun, dieser Voraussetzung zufolge, einen Menschen, der am Vorabend seines Vermählungsfestes mit einer innigstgeliebten Braut von der Spitze eines erhabenen Vorgebirges ins Meer hinausblickt, während die untergehende Sonne sein glühendes Antlitz beleuchtet und eine reiche Landschaft zu seinen Füßen mit phantastischen Zauberlichtern verherrlicht. Denken wir uns den Sturm seiner Gefühle! Der Himmel, der in seinem Herzen thront und der sich in der ganzen Natur spiegelt ringsum! Ist er nicht ganz jedes Gefühles bar, so wird ein unendliches Leben ihn umwogen: er wird sich Gott nahe, selbst von göttlicher Freude durchzogen fühlen; alle Himmel werden ihm niedertauchen, alle Erden ihm in Wonne verschwimmen.

Nun aber denken wir uns denselben, etwa einen Tag später, wieder an derselben Stelle. Seine Braut ward statt ihm, dem Tode angetraut, oder ihre entdeckte Treulosigkeit hat die Sehnen seiner Liebe durchschnitten; zerflossen sind seine Freuden, sein Herz zerrissen. Welches werden jetzt seine Gefühle sein? Und wenn er nun fortgeführt wird, unschuldig angeklagt, in des Kerkers Finsternisse: was wird jetzt vor seiner Seele schweben? - [780] Was ihm gestern noch mit Himmelslicht erglühte, wird jetzt vom flammenroten Widerschein der Hölle beflackert gräßlich ihm entgegenleuchten.

Diesem Jüngling aber gleichen wir alle; zwischen entgegengesetzten Gefühlen werden wir umhergeworfen. Wenn wir nun hingehen und diesen Menschen trösten sollten - was würden wir ihm sagen? Er solle Geduld haben, es müsse nun einmal so sein - welche ungeheure Ironie, welch ein Spott mit allen wahrhaftigen Gefühlen! Gehet hin zu Iob und tröstet ihn so. Gehet hin zu Prometheus und tröstet ihn so! Was das Judentum und das Heidentum in solcher Tiefe gefühlt, was jedes Menschenherz zerspaltet, das läßt sich auch im Christentum nicht mit Kreuzwegsprüchen besänftigen, das will auch da in seiner Tiefe betrachtet und in seiner Tiefe erledigt sein. Wenn die Grundvesten des ganzen Lebens erschüttert sind, bedarf es ganz anderer Stützpunkte. Nicht das Vertuschen des Schadens, sondern seine Untersuchung allein kann zur Heilung führen.

Wenn wir ihm nun sagen, was wir gerade bei der Hand haben, wissen wir, ob wir ihn trösten werden? Was dem einen hinreichend ist, ist es nicht dem anderen. Was die Freunde Iobs antworten, ist leicht sagen, aber schwer ist zu tragen, was Iob getragen. Wenn wir ihm sagen: *Glaube*! Das haben auch jene gesagt. Aber der Glaube ist kein Kommandowort, das kommt und geht, wie der Knecht im Evangelium; er ist Gefühl, innere Lebenskraft. An was soll er glauben? An Gottes Weisheit und Liebe? Aber er sieht nichts und empfindet nichts. Werden wir ihm sagen: Gott wird ein *Wunder* wirken? Wissen wir das? Und kann Gott in solchen Dingen Wunder wirken? Kann ein geschlagener Geist wunderbar befreit werden? Gibt es ein Wunder, das Macht hat über den Geist? Wäre das, so müßte es über dem Gesetze des Geistes noch ein höheres geben. Über der Freiheit ist aber keine Kraft. Also gibt es hier kein Wunder mehr, sondern jede geistige Tätigkeit ist an sich schon Wunder. Im freien Geiste aber wirkt Gott nicht allein. An den Glauben, inwiefern er ein inneres Gefühl ist, kann man da nicht so leicht verweisen. An die *Offenbarung*? Womit aber erweisen wir diese? Gibt es denn nicht mehrere religiöse Gemeinschaften, die sich als die wahren ansehen? Welches ist nun die wahre Religion? Hat sie Kennzeichen oder nicht? Ist es die durch Wunder beglaubigte oder die innerlich befriedigende? Der ersteren sind mehrere, und die christliche Religion warnt sogar vor dem Wunderglauben. Das andere aber ist es eben, was der einzelne in Zweifel zieht. Gibt es nun da ein sicheres Kriterium oder gibt es keines? Wenn es das ist, was meine Natur am tiefsten ergreift, am höchsten erhebt, muß ich da nicht erst die Natur erkennen? Wenn nun aber vieles unklar, widersprechend, ungelöst erscheint, wo ist dann der Haltungspunkt? - Daß diese Religion dich oder mich befriedigt, ist nicht ihre Wahrheit. Den Wilden befriedigt seine Religion auch, ist sie darum wahr? Scheint es nicht, [781] als ob alle Religionen sich nach und nach auflösten? Wo ist ihre alte Kraft? Wo ist, könnte ein solcher fragen, die Macht Chinas, Indiens, des Muhamedanismus, des Christentums? Gibt mir eine von allen Antwort auf meine Fragen über mich und die Welt und den Urgrund alles Wesens? Wohl könnte man ihm sagen, daß er hier auf einem ganz falschen Standpunkt sich befinde, daß er die ganze Richtung umgelehrt habe, daß er das der menschlichen Natur gerade Entgegengesetzte fordere; allein womit will ich das beweisen? Aus dem Glauben? Dann gehe ich im Zirkel. Aus der Natur? Aus der allgemeinen menschlichen Wahrheit? Allein wo ist diese? Hat sie irgendwo jemand besessen? Warum hat er sie nicht behalten? Wozu dann das immerwährende Bestreben und Forschen? Gibt nicht dies selbst Zeugnis, daß wohl diese Bewegung sei, aber daß sie wenigstens bis jetzt kein Ziel gefunden und daß es also ungewiß sei, ob sie überhaupt ein solches und mit ihm einen sicheren Punkt der Bewegung habe? Wer da glaubt, betet und betrachtet; also strebt er nach einem Zustand, in dem er nicht ist, und das Streben gibt Zeugnis, daß zu dem Glauben noch etwas hinzukommen müsse. Der Philosoph denkt und strebt, also ist er auch nicht ruhig. Diese Unruhe ist der wesentlich bleibende Charakter. Die Ungewißheit ist die einzige anfängliche Gewißheit.

Aber haben wir damit nicht alles aufgehoben und unsere eigene Grundlage zerstört? Ich sage: nein! Wir haben nur den Boden geebnet, die ungenügenden Grundlagen weggeschafft, um ein so festeres Gebäude aufzuführen; denn nichts ist gleich vom Anfang herein gefährlicher, als den Grund nicht tief genug graben. Wenn wir also vor der Hand die höchste Ungewißheit in aller Erkenntnis gefunden, so ist damit nichts verloren, sondern der rechte Grund gewonnen, der, daß wir nun auf einen genügenden Grund denken, und nicht Gefahr laufen, nach langem Suchen einen zu finden, den jeder Hauch umblasen kann.

[801]

IV. Die gesteigerte Notwendigkeit eines sicheren Erkenntnisgrundes in der gegenwärtigen Zeit.

Es gibt Zustände, wo die Ungewißheit uns mit solcher Gewalt bestürmt, daß unser Vertrauen gleichsam vernichtet in sich selbst zusammenstürzt. Es sind keineswegs die glaubensleeren, sondern es sind recht glaubenstiefe Seelen, in denen dieser Zustand am allermeisten sich findet. Je tiefer der Glaube seine Wurzel treibt, umso mächtiger spaltet er den Boden des Herzens. Gerade darin muß die Kraft des Willens sich erproben, diese Unruhe und Ungewißheit zu überwinden. Je größer die Angst und Unruhe, umso tiefer der Glaube und die Überzeugung: desto größer das Verdienst, der Sieg und die daraus entspringende Ruhe. Man muß, wie Jakob, zuerst mit dem Herrn gerungen haben, ehe man gesegnet wird. Ein Glaube vor diesem Kampfe ist kein lebendiger; die Versuchung ist noch gar nicht über ihn gekommen; darin erprobt sich aber erst die Kraft und die Beständigkeit. Dieser mögliche Fall ist darum auch ein wirklicher der Allgemeinheit nach. Jeden einzelnen Menschen berührt er mehr oder minder, die ganze Menschheit aber in allen Tiefen. Dieser Schmerzensruf der Glaubensangst geht daher durch alle Höhepunkte der Zeiten, wenn er auch die Tiefen unberührt läßt. Die *Prometheusklage* des Heidentums stimmt darin mit der Klage *Hiobs* im alten Bunde aufs innigste überein.

[802] Diese Klage, die in allen Menschen wiedertönt, ist aber besonders mächtig in der *Gegenwart* erklungen. Nie sind der Zweifel und die Verzweiflung an den Grundfesten des Lebens so machtvoll gewesen, und nie war es daher so notwendig, die tiefsten Beziehungen der Natur zum Geiste und zur höchsten Wahrheit so umfassend und erschöpfend aufzudecken als in der Gegenwart. Die Zeit ist in ihren tiefsten Grundlagen *verzweifelt.* Der Abgrund eines alles verschlingenden Nichts hat die Menschheit angeblickt und wie ein Gorgonenhaupt die Schauenden versteinert. Die Andromeda der Gegenwart findet sich an den Felsen der Notwendigkeitsphilosophie angeschmiedet, um von dem Ungeheuer dieses Abgrundes verschlungen

zu werden. Der zweigeschlechtige Minotaurus des Dualismus harrt im Labyrinth einer dadalischen Dialektik, um die beste athenische Jugend zu verschlingen. Helden, wie Perseus und Theseus, sind abermals an der Zeit. Werfen wir einen Blick auf die Gegenwart, damit der Abgrund, vor dem die Zeit angekommen, uns bewege und mit Mut erfülle, gegen den verheerenden Drachendämon uns zu waffnen.

Wie wahr der Satz, daß die Zeit in ihren tiefsten Grundlagen verzweifelt sei, davon geben uns die *Poesie* und die *Philosophie* der Gegenwart hinreichende Belege. Welchen Weg die erstere einschlagen, ist genugsam bekannt. Wer erinnert sich nicht an jenen letzten Ruf um Licht und Luft, der den Dichterfürsten *Goethe* vom Leben geschieden, und in der Tat, er hatte in diesem Felde große Nachfolger. Ich darf nur an den an Leben und Liebe verzweifelnden *Heine*, an den herrlichen, unglücklichen *Lenau*, an alle die Faustiaden und Wertheriaden unserer Zeit verweisen, die alle werden Zeugnis geben, daß lediglich die Verzweiflung der Faden sei, der durch all diese Poesien hindurchzieht.

Während sich aber die Poesie der Verzweiflung ergeben, hat sich der *Philosophie* der Zweifel, und zwar der ungelöste und unlösbare, absolute Zweifel, bemächtigt. Während man sich auf der einen Seite der Vernichtung, hat man sich auf der anderen dem Nichts in die Arme geworfen; zuerst der Notwendigkeit und dem Dualismus, dann dem Absolutismus und mit ihm dem Nihilismus. Mit *Cartesius* hat der ganze Prozeß mit Bewußtsein seiner selbst begonnen, und *Leibniz* und *Spinoza* sind treu auf derselben Bahn fortgeschritten. Nach diesen hat *Kant* seine Kritik dazwischen geschleudert, und in treuen Konsequenzen ist die ganze Entwicklung in unserer Zeit endlich an ihr Ziel gekommen. Nachdem *Schelling* bereits die Entdeckung eines allmählichen Sichverlierens und Wiederfindens eines absoluten Wesens gemacht, hat *Hegel* diesen Übergang in die Absolutheit des sich selbst ponierenden Begriffes gesetzt und nun alles in dieser Denknotwendigkeit verschlungen. Der Gedanke ist der unersättliche Drache geworden, der alles unter seinem Schuppenleibe begräbt, um sich selbst dann in den Abgrund zu stürzen. Die *Religion* ist das Erste, das Allgemeinste, der Zustand des passiven und unbewußten Göttlichen, die Kindheit [803] der Menschheit; diese wird verständlich, sichtbar, reell und individuell durch den plastischen *Kunsttrieb*. Das also Individualisierte kann aber vor der absoluten Alleinheit nicht bestehen, und wird durch den *Gedanken* aus seiner Real-Sonderheit wieder zur absoluten Identität und Wesenheit des Begriffes gebracht, der als absolute Identität des Allgemeinen und Besonderen zuletzt allein übrig bleibt.

Diese Anschauung, so abstrakt und tot sie erscheint, hat gleichwohl in dem Entwicklungsgesetz alles Werdens einen mächtigen Grund in sich, den der bloßen Notwendigkeit, in der nun einmal die eine Seite der menschlichen Natur so tief begründet ist, daß durchaus jede Anschauung des menschlichen Geistes von dieser Notwendigkeit gefärbt ist. Das Verderbliche liegt in dieser Theorie nicht darin, daß ein solcher überhaupt statuiert wird, denn in der subjektiven Bewegung besteht er nur einmal, sondern darin, daß er als ein objektiver und als ein absoluter hingestellt ist.

Diese Notwendigkeit hat daher, weil sie allgemein natürlich ist, alles Denken in seine Fesseln schlagen wollen, und man wird ihren prinzipiellen Ausgang nicht überwinden. Alles Sträuben gegen die Hegelschen Schlüsse wird so lange nichts helfen, als man nicht die philosophische Grundlage widerlegt. Hegel, und jeder, der in seine Folgerung eingeht, wird sagen: entweder habe ich konsequent geschlossen oder nicht. Habe ich nicht konsequent geschlossen, so beweiset mir meine Inkonsequenz; denn euer Protestieren gegen die Resultate meiner Folgerungen dient zu gar nichts, als daß ihr damit gegen die Wahrheit der Religion argumentiert. Denn entweder ist die Religion göttlich oder nicht. Ist sie göttlich, so muß sie mit der ersten Offenbarung des Göttlichen durch die Konsequenz des notwendigen Denkgesetzes übereinstimmen. Ist sie nicht göttlich, so ist sie auch nicht wahr. Habe ich also konsequent geschlossen, so ist die Wahrheit auf meiner Seite mit Notwendigkeit. Diese Notwendigkeit ist unausweichlich: also ist jeder dem Irrtum verfallen, der ihr nicht folgt.

Habe ich aber nicht konsequent geschlossen, wohlan, so beweise die Inkonsequenz auf philosophischem Wege. Könnt ihr mich nicht aus mir selbst widerlegen, so seid ihr unmächtiger als ich. Mein Grund ist also mächtiger als der eurige. Darum ist meine Religion die wahre, aber die eure ist falsch, denn ihr habt nur äußerlich angenommene Kriterien, ich aber innerliche und notwendige.

Nachdem er so die Gegner glänzend aus dem Felde geschlagen, wird er vielleicht Gnade für Recht ergehen lassen, sich auf den Thron setzen und sagen: da seid ihr nun völlig geistig brotlos, darum will ich mich erbarmen über euch. Von der Religion könnt ihr nicht loskommen, das seh' ich schon, darum hört: ich habe es auch so böse nicht gemeint, wenn ich gesagt, eure Religion sei nicht wahr; sie ist schon wahr, aber nur, wenn man sie recht versteht. Seht, alles, was eure Religion lehrt, sage ich auch, aber gründlicher, vernünftiger, mit der Natur des Menschen harmonierender.

[804] So meint *Marbach* in seiner Geschichte der Philosophie; in ähnlicher Weise schließt *Schäfer*, der Verfasser des berüchtigten Laienbreviers. Damit ist der unwandelnde Gährungsstoff in die ganze Masse geworfen, und unter der Hand entschwindet die Glaubenskraft gänzlich, das Zutrauen verliert sich, und das alles, weil die Zionswächter sich nicht gut gerüstet. »So lang ein starker Bewaffneter sein Haus bewacht, ist das Seinige in Sicherheit; kommt aber ein Stärkerer über ihn und überwindet ihn, so nimmt er ihm seine ganze Waffenrüstung.«

Sollen wir uns an dem Siegeswagen des Triumphators gefesselt schleifen lassen? Und was wird uns übrig bleiben, wenn wir ihm nicht als Stärkere zu begegnen suchen und ihm seine Waffenrüstung nehmen? Hier ist Furcht ebenso töricht als gefährlich, verderblich und ungläubig. Wer Vertrauen hat auf seinen Glaubenshort, der wird ausgehen, wie die Apostel, wie ein Lamm, das unter die Wölfe gesendet wird. Wenn wir an die Wahrheit des Christentums wirklich glauben, so müssen wir auch zum voraus glauben, daß wir aus einem solchen Kampfe siegreich hervorgehen müssen; müssen auch einsehen, daß es höchste Zeit ist, diesen Kampf einzugehen, und den hingeworfenen Fehdehandschuh aufzunehmen.

Wo das Unheil verborgen liegt, da liegt auch das Heil. Der Gedanke kann nur durch den Gedanken überwunden werden. Überwinden aber ist besser als ignorieren und protestieren.

Wir müssen heutzutage die Beweise für die christliche Wahrheit tiefer suchen, als man sie vor dieser Periode gesucht. Die Zeit und ihr Gegensatz ist anders geworden, also muß auch das anders werden, was man ihr entgegensetzt. Umsonst berufen wir uns auf die Beweise derer, die vor uns waren: sie helfen uns nichts. Thomas von Aquin ist mit seinem Deus est ens absolute necessarium auch nicht ganz frei vom Pantheismus, sobald man seine Worte im Sinne der neueren Philosophie nehmen will. Der Unterschied ist nur, daß Thomas es selber nicht wußte, während die neuere Philosophie es weiß, daß der Pantheismus damals ein unbewußter war, während er jetzt ein bewußter geworden, und daß er sich somit jetzt widerlegen läßt, damals aber nicht. Jene Vorgänger hatten es mit ihrer Zeit zu tun, wir mit der unseren. Wollen wir ihre wahren Nachfolger werden, so müssen wir nicht ihre Beweise nachbeten, sondern auf ihren Wegen ihnen nachgehen. Ihr Weg war aber, die tiefsten Gründe, deren die Zeit fähig war, zu finden. Die Kirchenväter haben sich bemüht, auf diesem Wege die apostolische Wahrheit im Wachstum zu erhalten. Die Scholastiker und Mystiker haben sich wieder nicht begnügt mit dem, was die Väter ersonnen, sondern auf neue Beweise gedacht, und wir sind nur dann auf ihren Wegen, wenn wir es ebenso machen. Darum bricht man den Glauben und das Erbgut der Väter nicht, [805] wenn man die Beweise ändert und steigert. Darin liegt ja eben die Realität der Verheißung Christi, daß er bei seiner Kirche bleiben, und den Beistand des heil. Geistes ihr verleihen wolle bis ans Ende der Welt. Haben wir nichts zu tun als das, was unsere Vorfahren getan, nachzumachen, dann bedürfen wir diesen Beistand nicht mehr, sondern die Bewegung, die eines solchen Beistandes bedurfte, ist zu Ende.

Weiter aber muß man mit der Aufdeckung des tiefsten Gegensatzes der Zeit darauf aufmerksam machen, daß nur in gründlicher Eingehung auf ihre Widersprüche eine Lösung zu hoffen ist. Der Widerspruch muß auf seinem eigenen Gebiete aufgehoben werden, wenn die Wahrheit vollständig siegen soll. Die Frage Gottes an die Menschen ist einfach: willst du gehorchen oder nicht? Allein das Verständnis dieser Frage und der Gehorsam sind solange in Zweifel gestellt, als im Denken und in der Notwendigkeit des Naturgesetzes noch ein unausgegorener Rückhalt bleibt, hinter den die menschliche Freiheit sich flüchten kann. Solange sich die Menschen mit der Denknotwendigkeit entschuldigen können, ist der Prozeß des Guten gegen das Böse noch nicht zum Abschluß reif geworden. Hier darf also nichts im Dunkel und in Unentschiedenheit bleiben.

Es muß sich zeigen, daß jedes philosophische System, das der Offenbarung und dem höchsten Glaubensgrunde widerspricht, notwendig sich selbst widersprechen müsse. Es muß sich zeigen, daß die Resultate der neueren Philosophie ihre eigene Voraussetzung aufheben und darum mit sich selbst im Widerspruch stehen, daß sie in sich irrtümlich sind und daß ihr Widerspruch gegen das Prinzip des Glaubens aus dem Widerspruch gegen das letzte Prinzip des Willens hervorgegangen sei und daß das Prinzip des wahren Willens, weil ruhend auf der ersten Offenbarung Gottes an die Menschen, dem Prinzip des Glaubens, das ruht in einer zweiten Offenbarung, nicht widersprechen könne. Der letzte Widerspruch ist aber erst mit der Position eines neuen Ausganges möglich.

Während wir aber von der Zeit fordern, daß sie in allen Widersprüchen sich soll verantworten, wollen wir, was wir allgemein und objektiv als notwendig ausgesprochen, nicht subjektiv wieder aufheben und uns dieser Anforderung, die wir an alle und alles gemacht, nicht selbst entziehen. Was wir bisher ausgesprochen, halten wir keineswegs für über allen Widerspruch erhaben. Vielmehr haben wir es zum Ziel des Widerspruches hingestellt, damit die Gedanken aller derer, die davon Notiz nehmen, in dieser Beziehung daran offenbar werden. Je kräftiger und selbständiger dieser Widerspruch auftritt, umso schneller und sicherer begegnen wir auf dem zu betretenden Wege dem unbestreitbaren ersten Anhalts- und Ausgangspunkt einer positiven Wissenschaft.

[806]

V. Allgemeiner Ausgangspunkt des menschlichen Bewußtseins.

Wenn die allgemeine Bedeutung der Unsicherheit unseres Wissens durch unsere eigene Natur uns klar geworden, sind wir bei dem Punkte angekommen, der als der allgemeinste Ausgangspunkt unseres Bewußtseins angesehen werden kann. Wenn ich nämlich nach irgendeiner Erkenntnis strebe, so ist mir so viel gewiß, daß ich sie noch nicht habe. Ich würde mir nun und nimmer Gewißheit verschaffen wollen, wenn ich sie schon hätte. Nun kann ich sie aber nicht schon ohne meine eigene Tätigkeit haben, sonst könnte ich sie gar nicht haben. Habe ich die Gewißheit schon vorher, so ist die Tätigkeit nicht mehr da; das Schwanken ist unmöglich, allein auch die Bewegung ist unmöglich, der Glaube ist unmöglich, das Wissen ist unmöglich. Wenn aber das Wissen davon ausgeht, so kann es nicht dabei stehen bleiben, sondern es muß nach einem Punkt streben, bei dem es eine sichere Gewißheit hat.

[825] Solange aber irgend etwas noch in Frage gestellt werden kann, solange bin ich nicht am Ende meiner Voraussetzungen. Die Philosophie darf aber keine Axiome anerkennen. Axiome sind Voraussetzungen, deren Grund man als nicht weiter erklärbar oder als von anderswoher bekannt annimmt. Gäbe es solche Axiome auch für den letzten Grund, so gäbe es keinen letzten Grund alles Wissens und auch keine Axiome. Dieser letzte Grund wäre ein an sich nötigender, aber nicht ein erkannter. Die Philosophie kann nur mit einem Obersatze beginnen, gegen den nicht nur keine Einwendung mehr möglich ist, sondern von dem auch an sich klar ist, daß keine solche Einwendung mehr möglich sei. Dann hat sie einen einfachen, an sich bekannten und gewissen, und nicht selbst wieder zu erklärenden und begründenden Grund, wenn dieser Anfang eine subjektive unbezweifelbare Gewißheit verleiht; mehr als eine unbezweifelbare *subjektive* Gewißheit kann nicht als Ausgangspunkt verlangt werden. Der erste Schritt ist ein subjektiver. Über den Standpunkt muß ich gewiß sein, um den ersten

Schritt wagen zu können; denn wenn ich dann keinen sicheren Grund antreffe, so kann ich zurück. Ich kann jede Bewegung an diesen Punkt anknüpfen und bin gesichert, sobald ich mich durch irgendein notwendiges und unzereißbares Band damit in Verbindung setze.

Nicht bloß die bisherigen Untersuchungen, sondern das Wesen jeder subjektiven Bewegung, es sei Wissen oder Glauben, haben uns dahin ge[826]führt, allen voraus angenommenen Grund aufzugeben. Auch die *Geschichte* und die *Religion* können nicht als solcher *Ausgangspunkt* dienen; wohl als Ende oder als Kriterium, aber nicht als Anfang. Inwiefern sie beide historische und überhistorische Wirklichkeit haben, kann ich höchstens sagen: eine Philosophie, die nicht auch die Religionswahrheiten als geoffenbarte in sich aufnimmt, hat ein wesentliches Stück der Wirklichkeit unerklärt gelassen, hat kein Prinzip der Erkenntnis, das allseitig genug ist, und hat folglich gar kein erschöpfendes Prinzip. Ich kann darauf zurückkommen und muß es, aber ich kann nicht davon ausgehen. Jeder solche Ausgang ist ein bloß hypothetischer, der nur nach den Resultaten beurteilt werden müßte. Man könnte eine Religionsphilosophie bauen und sagen: Seht, ist das nicht vernünftig? Solange ich aber nicht weiß, was vernünftig ist, kann ich weder ja noch nein sagen. Ein Pyrrhonist wird notwendig daran zweifeln, schon weil es dogmatisch behauptend ist. In keinem Falle bin ich darüber subjektiv gewiß, weil ich gar kein Kriterium, dessen ich an sich gewiß bin, dafür habe. Ein solches Kriterium muß der Ausgangspunkt jeder subjektiven Wahrheit sein und folglich aller wissenschaftlich erkannten Wahrheit, weil ohne subjektive Erkenntnis keine Erkenntnis sein kann, indem sie nur die Vermittlung des Objektes mit dem Subjekte sein kann.

Wir brauchen aber, um diesen Anfang zu finden, nicht alle positiv möglichen Behauptungen zu durchlaufen; vielmehr wird die Geschichte beweisen, daß es nicht mehr gibt, als schon durchlaufen sind, sondern nur zu der einfachen Wahrheit zurückzukehren, um diesen Anfang zu finden.

Jede Behauptung kann möglicherweise bezweifelt werden. Könnte sie nicht bezweifelt werden, so könnte sie auch nicht behauptet werden. Davon ist nur eine Behauptung ausgenommen, bei der diese Möglichkeit in sich selbst schon die Unmöglichkeit enthält, jemals zur Wirklichkeit zu werden. Diese Behauptung ist eben die gerade ausgesprochene, daß man jede Behauptung bezweifeln kann; denn daß man wenigstens versuchen kann, jede Behauptung zu bezweifeln, das kann nicht mehr bezweifelt werden. Indem man nämlich diese auch bezweifeln würde, müßte man sie zugeben, weil man positiv das annimmt, was man zu widersprechen vorgibt. Hier wird der Widerspruch selbst eine Bejahung.

Jede Behauptung, jede Position im Denken kann man also mit Notwendigkeit als äußersten Grenzpunkt festsetzen, daß sie bezweifelt werden könne. Damit ist der äußerste Grenzstein des Zweifels und somit der *erste Punkt des wirklichen* oder wenigstens des notwendigen, des nicht nicht gedacht werden könnenden *Gedankens* erreicht.

Was man diesem Satze vielleicht aussetzen könnte, möchte seine *Einfachheit* sein oder seine *Gefährlichkeit*, da man ja dann gar nicht wüßte, woran man sei, wenn man den Zweifel zur Grundlage der [827] Gewißheit machte. Was das erste betrifft, so dürften wir wohl darüber hinaussein, etwas um dessen willen, daß es einfach sei, auch als gering zu achten. Wohl erscheint uns dieser Satz als so einfach, als so allgemein anerkannt, daß damit gar nichts gewonnen scheint; allein es kommt nur auf die Stellung an, die wir demselben in der Ordnung der Wissenschaft zuteilen, und seine Bedeutung wird die allerwichtigste für alle wissenschaftliche Tätigkeit. Bei allen ersten Gedanken scheint es so. Der *Bakonische*, der des *Cartesius*, - wer hat gleich ihre Wichtigkeit anerkannt? Und und doch, von welchen Folgen waren sie! Lassen wir uns also nicht täuschen von dieser Einfachheit; das Notwendigste ist stets das Einfachste.

Was aber die berührte Gefährlichkeit dieses Satzes betrifft, so ist mit ihm nicht ein Zweifel zum Ausgangspunkte gemacht, der überhaupt vom Standpunkte des Glaubens oder Wissens oder Nichtwissens aus gefährlich erscheinen könnte. Dieser Zweifel ist nicht jener zersetzende Zweifel an der Objektivität, der von einer selbst noch nicht bewiesenen Subjektivität aus sich das Recht herausnimmt, alles Gegebene seiner subjektiven Kritik zu unterwerfen. Dieser Zweifel wird dadurch gerade aufgehoben, weil nicht die Objektivität bezweifelt wird. Nicht der Zweifel an der *objektiven*, sondern der *subjektiven Gewißheit* ist der hier angegebene Ausgangspunkt.

Ebensowenig wie ein objektiver ist dieser Zweifel ein absoluter. Ein absoluter Zweifel ist überhaupt eine philosophische Unmöglichkeit und als

Ausgangspunkt des Denkens und der Philosophie eine doppelte Unmöglichkeit. Wenn ich denke, so kann dies nur eine subjektive Bewegung sein zu einem anderen. Ist das, so ist weder das eine, was ausgeht, noch das andere, wozu der Lauf geht, absolut, sonst könnten beide nie zusammenkommen, weil sie eben nach der Annahme absolut getrennt wären.

Es ist ferner dieser Zweifel nicht eine *Negation* im Hegelschen Sinne, wo das rein Negative durch weitere Negation eine Position geben soll. Dieser ist ohnehin durchaus unphilosophisch. Das an sich Negative kann nicht negieren und kann nicht negiert werden, und schon gar nicht von einem selbst Negativen. Wenn ein absolut Negatives gedacht werden soll, so muß es absolut negativ auch in dem Sinne gedacht werden, daß es gar keine Kraft und Eigenschaft mehr hat, auch nicht mehr die des Negierens. Dann aber kann dieses Negative weder sich selbst noch irgend etwas negieren, wie es denn überhaupt nie etwas negieren kann. Denn entweder ist das Negierte absolut oder nicht. Ist es absolut, so steht es im absoluten Gegensatz, und zwar im negierten, ist also immer absolut getrennt oder absolut eins; ist es absolut getrennt, so wird es ebensowenig von dem anderen poniert als negiert; ist es absolut eins, so ist das Ponieren und Negieren ebenfalls möglich.

Dieser Zweifel ist keine reine Negation, sondern eine teilweise oder relative Negation und eine relative Position. Mit dem Bezweifeln ist das [828] zweifelnde Ich als zweifelnd anerkannt, und noch ein Zweites, nämlich, daß noch etwas außer dem Zweifel möglich ist, sonst könnte der Zweifel nicht sein.

Dieser Zweifel ist die Aufhebung des Zweifels, einmal, weil er den Zweifel bis dahin verfolgt, wo er aufhört und einen einheitlichen Anfangspunkt bezeugt, und dann, weil er im Zweifel selbst wieder sich hinausgeht und an die Stelle des absolut Einheitlichen oder Zweiheitlichen die Relation des *Zweifels, zwei Fälle in Beziehung zueinander setzt*. Weder das absolut Einheitliche noch das absolut Zweiheitliche kann den Ausgangspunkt bilden; jede wirkliche Einheit muß aus dem Zweifel erwachsen. Wo absolut Eines ist, ist keine Bewegung, kein Werden, kein Übergang, keine Wissenschaft; ebensowenig, wo absolut zwei sind. Diese Absolutheit ist mit diesem ersten Grunde schon aufgehoben. Die Annahme einer absoluten Erkenntnis würde den Zweifel, dieses erste Recht des Denkens, aufheben. Was absolut erkennbar ist, kann gar nicht bezweifelt werden; was gar nicht bezweifelt werden kann, davon kann ich mir auch keine wirkliche eigentliche Kenntnis verschaffen. Was gar nicht bezweifelt werden kann, kann gar nicht bewiesen und behauptet werden. Eine Philosophie, die von dieser absoluten Erkenntnis ausgeht, ist unmöglich. Dann bedarf man durchaus keiner Philosophie. Was absolut bezweifelt wird, wird absolut nicht bezweifelt, eben weil der Zweifel ein absoluter, ein durchaus unveränderlicher, also an sich gewisser ist. Ist er subjektiv absolut, so ist er es auch objektiv. Man müßte daher sagen, das Verhältnis des einen zum anderen ist ein absolut bestimmtes.

Eine absolute Erkenntnis kann gar nie anfangen, also kann sie auch gar nicht fortschreiten, also ist sie auch nie geworden. Einen Hegel und Schelling kann es dann gar nicht geben, ebenso wenig eine Geschichte der Philosophie; denn wenn das Denken absolut ist, so war es immer dasselbe und wird immer dasselbe sein, und ein anderer Standpunkt ist unmöglich. Hegel denkt also notwendig mit Thomas und Augustin und Pyrrho völlig gleich; nun dachten diese nicht wie Hegel, also dachte wohl Hegel gar nicht. Somit ist diese Voraussetzung eine sich selbst aufgebende und aufhebende.

Es kann also nur das relativ Zweiheitliche als ein solcher Ausgangspunkt dienen, denn ein relativ Einheitliches ist nicht denkbar. Nun ist aber der Zweifel nichts anderes als die Zulassung von zwei Fällen durch das bezweifelnde Subjekt und die mögliche Setzung des Denkens. Wo zwei Fälle, da ist eine Bewegung von dem einen zum anderen, das Zweifeln wie das Denken, neben dem Subjekt auch ein anderes, Zweites, relativ Entgegengesetztes wenigstens möglich. So wie ein anderes dem einen gegenübertritt, sind zwei Fälle, ist der Zweifel.

Dieser Zweifel wird auch von jeder religiösen Überzeugung anerkannt und als erstes Eigentum des Menschen behauptet. Die mosaische Ur[829]kunde macht Gott selbst zum Urheber des Zweifels in unserem Sinne. Indem Gott dem Menschen das Naturgesetz und dann das Sittengesetz gibt, setzt er ihn in die Notwendigkeit des Unterscheidens. Jede Unterscheidung ist Setzung von zwei Fällen. Soll der Mensch wählen können, muß er unterscheiden, alle zwei Fälle nebeneinander sehen, also zweifeln können. Das ist eine notwendige Bedingung des Glaubens.

Das Subjekt bezweifelt also in diesem Falle nicht die Objektivität, sondern diese ist ja eben der zweite Fall; es zweifelt auch nicht an sich, inwiefern es zweifelt, denn dieser Zweifel ist unmöglich, und zweifelt auch nicht am Objekte, denn dieser Zweifel ist eben durch das Setzen von zwei Fällen aufgehoben, sondern es zweifelt nur an der Gewißheit der vorausgehenden in ihm und an sich gesetzten Erkenntnis des Objektes. Das Subjekt muß diesen zweiten Fall notwendig als Zweites statuieren, und indem es ihn als solches statuiert, den Zweifel setzen und aufheben; - den Zweifel setzen, weil es den zweiten Fall zulassen muß, indem es an der eigenen Bewegung nicht mehr zweifeln kann, weil der Zweifel selbst schon Bewegung zu einem anderen ist; aufheben, indem es einen zweiten mit dem ersten schon gesetzten anerkannt, der mit demselben nicht an sich eins, aber auch nicht absolut entzweit ist, indem er mit dem ersten, unwidersprechlichen gleichfalls notwendig gedacht werden muß. Der Anfang des wahren Zweifels ist das mögliche Aufhören desselben. Solange ich nicht zweifele, kann ich auch keine Überzeugung gewinnen und den Zweifel auch nicht überwinden. Zweifelsfrei ist nicht das, was noch nicht in den Zweifel eingetreten, sondern was schon wieder darüber hinausgekommen ist. Frei bin ich, wenn ich dessen mächtig bin, von dem ich doch nicht an sich loswerden kann. Nun erst ist das Denken in der gehörigen Abhängigkeit und Unabhängigkeit; abhängig, weil überhaupt anfangend, unabhängig, weil in sich anfangend und den Anfangspunkt gleichfalls in sich tragend.

Somit muß das *Denken*, wenn es beginnen soll, mit dieser *Gewißheit des Zweifelnkönnens beginnen*. Damit weiß ich zuerst, daß ich überhaupt etwas kann, das gar nicht bestritten werden kann, wenn ich weiß, daß ich überhaupt etwas bezweifeln kann. In diesem Zweifel ist schon ein Dreifaches; das Zweifeln als *Tätigkeit*, das Zweifelnde als *Subjekt* und eine Relation, eine Kopula zwischen beiden; ein Ponierendes, ein Negierendes und ein Poniertes. Das Ponierende ist das zweifelnde Ich, das wenigstens etwas poniert, seine Tätigkeit; das Negative ist das Zweifeln als ein teilweises Aufheben, und die Position ist durch die bedingte Negation schon ausgedrückt.

Damit ist nun aber nur in bestimmter Weise das allgemeine Gefühl der Unsicherheit und Ungewißheit unserer Erkenntnis ausgesprochen, aber mit dem Unterschiede, daß diese Unsicherheit dadurch zur Quelle der Gewißheit geworden ist. Alle philosophischen Systeme haben im Grunde das Gleiche gewollt. Jeder, der sich herbeiläßt zu beweisen, anerkennt dasselbe, [830] ebenso, wie der nicht beweist, sondern alles auf Treue und Glauben anerkannt wissen will. Auch die bisherige Geschichte, die nach jedem neuen System wieder ein neues geboren werden ließ, anerkennt dasselbe. Im Grunde hat das auch Cartesius mit seinem cogito, ergo sum gemeint; nur ist sein Ausdruck selbst noch ein zweideutiger und hat daher zu ganz entgegengesetzten Resultaten geführt. Wenn man diesen Ausdruck noch vereinfacht, kommt man erst auf den uranfänglichen Ausgangspunkt der philosophischen Erkenntnisse.

[849]

VI. Der erste, unmittelbar gewisse Satz des menschlichen Bewußtseins in seinem positiven Ausdruck.

Ich hoffe, man wird mir das Zeugnis geben, daß ich bei Feststellung des unwidersprechlichen Ausgangspunktes alles menschlichen Bewußtseins niemand übervorteilt habe. Ich habe vielmehr alles Mögliche getan, um mir diesen Anfang zu erschweren, habe dem Widersacher alle Waffen gegen mich in die Hände gegeben. Umso sicherer aber glaube ich, können wir nun vorwärts schreiten, umso sicherer aus der Ungewißheit die Gewißheit deduzieren.

Wenn wir in der *Feststellung des Ausgangspunktes* der *Philosophie* uns genötigt sahen, vom relativen Zweifel auszugehen, so haben wir auch zugleich behaupten müssen, daß dieser Zweifel, wie wir ihn angenommen, von allem, was man sonst unter diesem Namen zu verstehen pflegt, sehr wesentlich verschieden sei. Diesen Zweifel hat Gott selbst eingesetzt als den Anfang aller Wahrheit und Heiligkeit. Wir tun ihm daher Unrecht, wenn wir ihn mit einer der bestehenden Formen verwechseln.

Er ist einmal nicht zu verwechseln mit dem *Skeptizismus*; denn dieser ist nicht als Ausgang, sondern als Resultat der Philosophie so benannt. Wenn man nach vorläufiger Untersuchung zum Schlusse kommt, daß man überhaupt nichts Gewisses wissen könne, so nennt man das Skeptik. [850] Wir aber sagen durchaus nicht, daß man, wenn man philosophiert, nichts Gewisses wissen könne, sondern daß man, wenn man zu philosophieren anfängt, damit anfange, daß man noch nichts Gewisses wisse.

Ebensowenig ist dieser Zweifel *Kritizismus*, der ein bisher angenommenes Axiom in vorläufige Untersuchung zieht und aus der erkannten Wahrheit oder Unwahrheit des einzelnen Falles eine historische Grundlage macht, denn dieser geht nicht tief genug, um allseitig zu sein, und ist nicht allseitig genug, um positiv zu werden.

Ebensowenig ist ferner dieser Zweifel *Dualismus*, der in der Negation des einen durch das andere oder in der absoluten Position des einen im anderen eine objektive *Identität der getrennten Glieder und dadurch eine unvermeidliche* Notwendigkeitslehre herbeiführt.

Dieser Zweifel ist einfach der Ausgangspunkt allen Philosophierens und in dieser Eigenschaft von allen anerkannt und von niemandem ausgesprochen. Er ist aber als Ausgangspunkt nicht Gewinn der Philosophie, sondern der zu verlassene Punkt. Der Punkt, von dem ich ausgehe, ist derjenige, den ich verlasse. Sagen wir also, die Philosophie geht vom Zweifel aus, so sagen wir nicht, sie stütze sich auf denselben, sondern sie gehe von ihm weg und zu seinem Gegensatze.

Dieser Zweifel ist aber selbst dadurch kein Zweifel, keine Ungewißheit mehr, daß er das an sich Gewisseste ist, was kein Mensch leugnen und also auch nicht bezweifeln kann. Er trägt daher das Prinzip der Aufhebung seiner eigenen Ungewißheit schon in sich. Was ich auf diesen Punkt zurückführen kann, ist dadurch erst wahrhaft unwiderleglich geworden. Wem ich damit begegnen kann, daß ich ihm sage: Wenn du dies leugnest, dann müßtest du auch leugnen, daß du irgend etwas leugnen kannst, der ist durchaus außer Fähigkeit gesetzt, mir das bestimmte, von dem der Beweis geführt werden soll, zu widerlegen. Darin liegt allein der positive Beweis. Etwas Positives muß in diesem Zweifel bereits liegen. Dadurch wird der Übergang zum eigenen Gegenteil vermittelt. Wie dieser Zweifel aus der Möglichkeit hervorging, auch beim Positivsten noch den Versuch des Leugnens machen zu können, und daraus, daß nichts so positiv sein könne, wo man nicht diese Möglichkeit noch zulassen müsse, weil es sonst eben gar nicht positiv wäre, d.h. gar keine Probe aushielte, und bloß nötigend, bloß notwendig, also eigentlich negativ wäre: so bricht auch in der äußersten Negation des Zweifelnkönnens die Position hervor, die eben in dem Zweifelnkönnen liegt. Diese äußerste Grenze des *Negieren*könnens ist zugleich die Grenze, der Anfang des *Ponieren*könnens. Kann ich negieren, so kann ich damit etwas, und dieses Können selbst ist ein Beweis meiner Macht. Indem ich das Negieren bis zur äußersten Spitze treibe, werde ich erst des gar nicht auszuschließenden Gegensatzes mir bewußt. Treibe ich das Negieren so weit, daß ich es nicht mehr weiter treiben kann, und bin dann des Ponierens noch nicht ledig geworden, dann habe ich den Be[851]weis, daß ich ohne dasselbe gar nicht negieren könnte, dann bin ich des Positiven wahrhaft gewiß. Man hätte sich darum nicht darüber beklagen sollen, daß man gezweifelt und negiert, sonder darüber, daß man es nicht recht, d.h. nicht vollständig getan. Alles Halbe führt zu falschen Resultaten; das Höchste allein, der vollständige Lauf führt zum Ziele.

Das Positive an diesem Zweifeln ist eben das darin bestimmt offenbar gewordene Bewußtsein, daß ich zweifele. Indem ich zweifele, weiß ich, daß ich zweifele, und indem ich weiß, daß ich *zweifele*, weiß ich, daß ich *denke*. Dieser Satz, den wir zuerst nur negativ festhalten konnten, um seine unwidersprechliche Gewißheit zu beweisen und somit einen haltbaren Anhaltspunkt zu gewinnen, ist nun erst ein positiver geworden, und lautet einfach: *Dem Menschen ist an sich nichts vollkommen gewiß als dies einzige: Ich bin denkend.*

Auch dieser Satz lautet so einfach als sein negativer Vorläufer, ist aber darum nichtsdestoweniger sehr folgenreich, wenn man ihn in allen seinen innewohnenden Konsequenzen betrachtet, und gerade darum bedeutend, weil er einfach ist, denn gerade das Einfache ist stets eben durch seine innere Einheit das Umfassenste und Folgenreichste. Kompliziertes ist leichter gefunden als das Einfache, eben weil der Mensch durch das Medium zur Einheit dringen muß. Bis er nun alle Medien aus dem Wege geräumt, kommt er nicht zu dem Einfachen.

Es ist klar, daß schon *Cartesius* nach diesem einfachen Prinzip gestrebt. Allein sein berühmter Satz: cogito, ergo sum, ist gerade dadurch der Vater so vieler philosophischer Ketzereien geworden, weil er nicht einfach genug war. Schon Cartesius mußte ihm erst eine *bestimmte* Bedeutung vindizieren, um ihn als Obersatz wirklich festhalten zu können. In dieser bestimmten Bedeutung sieht es aber etwas kurios aus, wenn Cartesius selbst erläuternd hinzufügt: d.h., wenn ich etwas klar denke, so ist es auch. Das vorher subjektiv Ausgesprochene ist nun auf einmal objektiv geworden. Er wußte zuvor nur, daß er selbst sei, weil er denke, nun weiß er plötzlich, daß überhaupt alles sei, was er wirklich denke. Eine Wahrheit liegt darin, daß nämlich nur das Seiende wirklich gedacht werden kann und das wirklich denkbar Seiende sein kann; allein es liegt auch noch die Zweideutigkeit der Subjekte darin, daß das, was ich wirklich denke, auch sei, und daß ich dasjenige, was wirklich ist, auch denken müsse. Um dieser zu entgehen, hat bekanntlich Kant Subjekt und Objekt getrennt und behauptet: was ich denke, ist, aber nur subjektiv; vom Objekt weiß ich überhaupt nichts; und die absolutistische Philosophie nach ihm hat in drei aufeinanderfolgenden Stufen das Subjekt mit dem Objekt absolut identifiziert, und Fichte behauptete, das Subjekt ist eben selbst alles, indem es alles denkt; Schelling behauptete, die Natur, indem sie wird und werdend ist, ist eben dadurch ein zu sich Kommendes, und ihre Objektivität ist das verborgene und zuletzt zu sich selbst kommende Objekt; wogegen Hegel sagte: [852] weder im Subjekt noch im Objekt liegt das absolute Sein, sondern in dem notwendigen ergo, das zwischen beiden liegt. So weit führte das Cartesische Prinzip, eben weil es nicht einfach genug war.

Der Satz cogito, ergo sum, ist weder ein logisches Urteil noch ein logischer Schluß. Als Schluß ausgesprochen lautet er:

- ego sum cogitans, ich bin denkend,
- ego sum existens, ich bin existierend,
- ergo ... also ....

Hier fehlt der Schluß; nur die Erklärung fügt erläuternd hinzu: ergo est, quod ego clare et distincte cogito. Daß dieser Schluß nicht bindend sei, fühlte auch Cartesius, darum setzte er clare et distincte dazu; mit oder ohne diesen Zusatz aber folgt der Schluß nicht aus den vorausgesetzten Prämissen. Als Urteil hat er um ein Subjekt und um ein Prädikat zu viel. Hieße es: cogitare est esse, so wäre damit wenigstens die Form des Urteils reiner ausgesprochen und Subjekt, Prädikat und Kopula ausgeschieden. So aber kommt im Subjekt und Prädikat noch ein verschwiegenes ego hinzu, wodurch der ganze Satz zweideutig wird. Was ist nun Subjekt? Ego cogito, ergo ego sum, ist es das cogitare oder ist es das ego? Dieselbe Frage gilt auch beim Prädikat. Das ego hat überdies die Verfänglichkeit, Subjekt und Prädikat und infolgedessen Subjekt und Objekt zugleich sein zu wollen; dadurch wird die richtige Unterscheidung und folgemäßig die richtige Einheit aufgehoben. Dagegen wäre nun freilich mit einer gründlichen Logik zu helfen gewesen; allein darin liegt eben die Bildung der Zeit, daß Form und Inhalt sich wechselseitig bedingen. Die Logik ist die formale Grundlage alles Denkinhalts, aber die auf diesem Grunde gewonnenen Resultate erleuchten eben auch wieder den logischen Grund.

Stellen wir nun an die Stelle dieser *dualistischen* Verbindung, vom Subjekte mit einem doppelten Prädikat, welches ganz ausgesprochen so heißen würde: ego sum cogitans, ego sum existens, ergo... den einfachen Obersatz, dessen wir ganz gewiß sind: ego sum cogitans; so sind in demselben alle Forderungen an die einfachste Urteilsform erfüllt. Wir haben ein *Subjekt*, und wenn wir es recht analysieren, ein ganz bestimmtes Subjekt; ein *Prädikat*, und zwar ein einfaches, an sich gewisses und eine wesentlich bindende *Kopula*. Wir können im Grunde nicht einfacher sprechen, können nicht weniger sagen, können aber mit Gewißheit auch nicht mehr sagen, was wir nicht erst wieder beweisen müssen. Dieses aber ist keine Voraussetzung, ist der erste Akt des Bewußtseins, der notwendige Akt des Bewußtseins und zugleich der gänzlich genügende Ausdruck desselben, um alle Unterschiede und Beziehungen, alle mittelbar gewissen Wahrheiten aus dieser Grundwahrheit abzuleiten. Die Einfachheit [853] des Satzes ist seine eigene Probe; gerade darin liegt seine allgemeine Anwendbarkeit. Das einfachste Kunstwerk, und überhaupt jedes Kunstwerk wird aus dieser Trilogie zusammengesetzt sein; der einfachste Gedanke und überhaupt jeder Gedanke wird in dieser Trilogie allein gefaßt werden können; die einfachste Tätigkeit und jede Tätigkeit überhaupt wird in dieser Dreieinheit allein denkbar und erklärbar sein. Nehmen wir z.B. die Tätigkeit des Sehens: ein subjektives Organ, ein objektiver Gegenstand und das vermittelnde Licht werden die ganze Tätigkeit bestimmen. Die Gesetze des Denkens und Könnens und selbst das Moralgesetz, so wie die Triplizität dieser drei Potenzen selber gehen in derselben Verbindung vor. Der einfachste und komplizierteste Satzbau, die gemeinschaftliche Grundlage alles Sprechens, liegt in dieser einfachen Verbindung beschlossen.

Mit dieser gänzlich unphilosophischen Aufzählung der einzelnen Analogien, so schlagend sie auch sein mögen, würde aber so wenig etwas bewiesen werden, als es möglich wäre, damit an ein Ende zu kommen. Dazu aber sind diese Hinweisungen auch nicht angeführt, sondern nur um im Allgemeinen auf die Fruchtbarkeit des gewonnenen Obersatzes aufmerksam zu machen, ehe wir zur vollständigen organischen Entwicklung seines Inhaltes übergehen. Anfangs erscheinen nämlich solche Entwicklungen stets trocken und unfruchtbar, und erst wenn sie ins breite Leben hinabsteigen, erkennt man ihren Umfang. Diese später sich entwickelnde Quantität liegt aber offenbar in der vorausbestimmbaren Qualität verborgen. Der höchsten Qualität muß die größte Macht des Umfangs entsprechen. Der höchste metaphysische Obersatz ist auch der für das Leben bedeutsamste, auch wenn das Leben in seiner Äußerlichkeit diese Bedeutung nicht mehr erkennen will. Denken wir an *Bako v. Verulam* und *Cartesius*; wer hätte es so einfachen Sätzen angesehen, daß sie die ganze Welt revolutionieren würden? Gegen eine so still wirkende Macht läßt sich durchaus kein anderer Damm setzen, als daß man sie selber ergreift und ihre stille Gewalt in sich umwandelt. Es liegt daher in der Ungeduld, dem langsamen Wirken der Macht der Überzeugung entgegenzutreten, die Bürgschaft, daß man selbst in einer falschen Richtung befangen ist. Wer Tüchtiges leisten will, muß mühsam zum Ziele klimmen. Nur langsam reifen die Früchte am Baume des Lebens. Wer gleich etwas Brauchbares von jeder Untersuchung will, der mag sich mit den Hobelspänen begnügen, die beim Bau einer Arche von den Brettern fallen. Hundert Jahre sahen die Menschen bauen an der Arche, aber sie wurden nicht klüger dadurch. Wir müssen daher diesen einmal gewonnenen einfachen Grundgedanken in seiner höchsten und abstraktesten Tiefe zu ergreifen suchen, wenn wir ihm wirklich seinen fruchtbaren Inhalt abgewinnen wollen. - Jetzt ist dieser Satz vorbereitet; jetzt ist die Zeit, die ihn, ohne ihn zu kennen und seine Konsequenzen anzuerkennen, faktisch deklarieren sollte.

Wir wollen uns nun keineswegs anmaßen, alle Folgen dieses Satzes [854] nach allen Richtungen sogleich allseitig erschöpfen zu können. Eine solche Forderung wäre unbillig. Jeder höchste Obersatz muß seine Geschichte erlangen, muß durch die Durchführung seiner Gegensätze hindurchgehen, bis er vollkommen erschöpft ist. Er ist eben, wenn er ein lebendiger ist, durch seine Geburt selbst in eine organische Entwicklung eingetreten, die ihm nicht genommen werden kann. Jeder einfachste Obersatz enthält mehr, als sein Begründer in ihm sehen kann, weil ihn dieser nur mit der Vergangenheit vergleichen kann. Jede Zukunft, die aus ihm hervorwächst, erklärt ihn aus sich selbst. Die Zukunft wäre aber nicht Zukunft, wenn sie nicht die Erklärerin der Vergangenheit wäre. Genug, daß ein Gedanke so tief geht, daß er eine solche Zukunft haben muß. Sein Leben wird auch sein Licht sein. Spinoza nahm von Cartesius mehr, als dieser selbst von sich genommen, weil er auf dessen Schultern stand. Wenn der Dichter etwas einfach Wahres ausspricht, so besteht die Tiefe seiner Worte gerade darin, daß er ihre allgemeine Bedeutung selber nicht versteht. Etwas Ähnliches begegnet auch dem Philosophen. Er wird zwar seine Worte nicht aussprechen wie ein Dichter, bloß aus der Tiefe des Gefühls, sondern mit reifer Überlegung, mit vollem Bewußtsein dessen, was er sagt und will, aber auch er ist nicht im Stande, die ganze Zukunft zu begreifen, die im Worte liegt; denn in Gottes Wort ist alles gemacht, was da gemacht ist, und im Menschenwort liegt die Macht, alles zu werden, was da werden soll und werden kann. Darum ist aber das alles auch nicht ganz verborgen. Wenn Cartesius auch keine bestimmte Ahnung von Schelling und Hegel hatte, so lagen diese doch ungeboren schon in ihm, und er wußte durch den Gegensatz mit der philosophischen Vergangenheit, daß sein Grundsatz eine ganz neue Zukunft in der Philosophie begründen werde und begründen müsse.

Die Stellung ist aber für uns eine bessere. Zwei Zeiten der Geschichte sind vergangen. Die Gegensätze haben sich entwickelt als Gegensätze. *Mittelalterliche* und *neuere* Philosophie haben sich einander gegenüber entwickelt; beide sind zum einseitigen Abschluß gekommen. Gerade in dieser Einseitigkeit und gegenseitigen Ausschließlichkeit bedingen sie ein Drittes. Dieses dritte Stadium der Philosophie hat vor den anderen das voraus, daß es sich in beiden zugleich spiegeln, sich mit beiden in seiner Ähnlichkeit und Unähnlichkeit vergleichen kann, daß es im Falle des dritten Denkgesetzes sich befindet, das weder aus der Identität noch aus der Disjunktion allein, weder vom subjektiven noch vom objektiven Grunde allein ausgehen darf, sondern gleich in der Konjunktion und vom Stande des Grundes, des ausgeschlossenen Dritten ausgehen kann. Darum können wir mit größerer Sicherheit an unsere Untersuchung gehen und unseren Satz in der Ähnlichkeit und Unähnlichkeit seiner Glieder durch alle Stufen des Denkens verfolgen.

[875]

VII. Verhältnis des letzten einfachen Obersatzes der Philosophie zur älteren und neueren Philosophie.

Wir haben nachgewiesen, wie der von uns aufgestellte Satz negativer und positiver Weise von der aus der Vergangenheit hervorgehenden Gegenwart gefordert und vorbereitet ist. Die Richtung der Subjektivität des Denkens, die durch Cartesius begründet und im Gegensatze der Philosophie des Mittelalters durch die ganze Entwicklung der neueren Zeit festgehalten worden ist, hat in diesem Obersatze des Cartesius sich als eine so doppelseitige erwiesen, daß sie, um dem Dualismus abzuhelfen, zum Absolutismus ihre Zuflucht nehmen und in diesem selbst die einzelnen Denkgesetze und die Voraussetzung alles Denkens zuletzt selbst aufheben mußte. Ist [876] aber diese Richtung in ihrer einseitigen Unrichtigkeit vor uns, so dürfen wir auch die andere Seite nicht übersehen, in der sie vollkommen richtig ist und an welche anknüpfend wir eine Verbindung mit der gleichfalls einseitig unrichtigen und einseitig richtigen mittelalterlichen Philosophie erhalten und die durch diese beiden Gegensätze bedingte höhere Einheit der subjektiven Wahrheit erreichen können.

Das cogito, ergo sum des Cartesius ist insofern wahr, daß allerdings nichts wahrhaft gedacht werden kann, was nicht wirklich ist, und nichts wirklich sein kann, was nicht gedacht werden könnte. Denken und Sein oder, um letzteres weniger zweideutig auszudrücken, Denken und Kritisieren müssen irgendwo notwendig zusammenhängen, sonst ist eine Erkenntnis des einen im anderen und eine reale Entwicklung des anderen im einen nicht möglich. Was nicht existiert, kann mit Wahrheit nicht gedacht werden. Nicht nur wird ein solcher Gedanke keinen Inhalt haben, und wenn wir den Gedanken als Form ergreifen, eine Form von nichts, also keine Form, also gar nicht sein, sondern er wir auch in sich als Gedanke nicht denkbar sein oder müßte einen notwendigen Widerspruch in sich tragen, weil er den notwendigen Zusammenhang verletzt. Dieser Zusammenhang ist aber ein notwendiger, denn wäre er das nicht, so könnten wir gar nichts wahrhaft denken, und es würde dem Denken am ersten Kriterium seiner Bewegung fehlen. Die Sache denken wir nicht, sondern über sie. Ist nun kein innerer und notwendiger Verknüpfungspunkt zwischen beiden, der in der Verletzung des einen auch eine Verletzung im anderen mit sich bringt, so fehlt es überhaupt am Zusammenhang. Das Denken ist dann auch kein Denken über etwas, sondern nur ein Denken über nichts, und somit kein Denken. In diesem Zusammenhang ist aber notwendig das Denken vom Gegenstande und nicht der Gegenstand vom Denken abhängig. Im Objekte liegt die Notwendigkeit, im Subjekte die Möglichkeit; im Objekte die positive, im Subjekte die negative Voraussetzung. Weil aber zwischen Objekt und Subjekt Cartesius im Ich, das er zu beiden zieht, nicht ausscheidet, trat mit dem Festhalten an einem an sich wahren Grundsatz der Irrtum ein.

Man kann sagen: Jedes Denken kann nur insoweit wahr sein, als es dem Objekt entspricht; jedes Objekt kann nur insoweit erkennbar sein, als es denkbar ist; ohne Objektivität wäre keine Subjektivität und umgekehrt möglich. Damit wird das Objekt negativ vom Subjekte und das Subjekt positiv vom Objekt abhängig gedacht. Wenn ich sage: Nichts kann existieren, was nicht gedacht werden kann, so sage ich nicht, daß ich nichts denken kann, was nicht existiert; aber etwas existiert darum noch nicht, weil es von irgend jemandem gedacht wird, sondern der Gedanke, der nicht Kritisierendes denkt, ist selbst nur ein scheinbarer, der zuletzt auf einen Widerspruch hinausführt. Dagegen aber, was existiert, muß von dem Gedanken anerkannt und zuletzt auch begriffen werden, und der Gedanke ist so lange [877] nicht am Ende seiner Bewegung, als ihm irgend eine Existenz gegenübersteht, die er nicht mit dem Subjekte zu vermitteln weiß. Was gedacht wird, kann existieren, und was dem Denken vorausgedacht wird, muß existieren, aber als Voraussetzung, als Grund des Denkens. Das Sein ist der Grund des Denkens, aber nicht umgekehrt.

Diese doppelte Folgerung hat man nun in Folge des unbestimmten Cartesischen Grundsatzes verwechselt. Man hat das Sein *positiv* abhängig gemacht vom Denken, statt negativ. Daraus entstand dann eine verkehrte Objektivität, die das Absolute als den Grund alles Relativen voraussetzen mußte und darin recht hatte, aber diesen vom Subjekt mit Notwendigkeit zu denkenden Grund als einen notwendig setzenden statt einen notwendig zu denkenden erklärten. Die Notwendigkeit wurde aus dem Subjekte herausgenommen und in das nicht zu denkende Objekt hineingelegt, welches sofort für das absolut Seinmüssende erklärt wurde.

Hatte man einerseits den Gewinn, daß man das Absolute, somit Gott, als das gar nicht zu Leugnende erkannte, so war mit diesem Gewinn sogleich wieder der Verlust verbunden, daß man in diesem Absoluten nicht Gott, den freien Schöpfer, sondern nur das absolut Notwendige anerkannte und Gott mit der Welt identifizierte, indem man die Eigenheit des Göttlichen, absolut zu sein, mit der Eigenheit der Schöpfung, notwendig zu sein, verwechselte oder vielmehr für identisch erklärte. Hier haben wir nun die volle Erklärung des *Pantheismus* der neueren Philosophie, dessen Grund in der Verwechslung von Subjektivität und Objektivität gelegen ist. Man verband alles mit Notwendigkeit, allein man unterschied nicht die Subjektivität und Negativität in dieser Notwendigkeit von ihrer Objektivität.

Alles, was ich denken soll, muß ich in einem gewissen Sinne als ein vom Denken Unabweisbares, als ein Notwendiges, als notwendigen Grund alles Denkens erklären; aber was für das Denken notwendig ist, ist es nicht an sich. Ich muß, wie eine einfache Folgerung erweisen kann, denken, daß Gott frei sei, weil er nur bedingend, aber nicht wieder bedingt gedacht werden kann. Allein ist er darum notwendig? Eben weil er frei ist, ist er nicht an sich notwendig, sondern nur das Gedachtwerden seiner Freiheit ist ein für das Denken notwendiges. Es ist wahr, daß, wenn eine Welt ist, ich mit Notwendigkeit den Grund derselben und folglich Gott denken muß, aber darum ist nicht ebenso notwendig, daß, wenn ich Gott als Voraussetzung der Welt denke, ich auch die Welt als Voraussetzung Gottes denke. Dieses ist gerade unmöglich. Die Welt ist der Grund, warum ich Gott als seiend *denken* muß, aber nicht der Grund, warum Gott *sein* muß; wohl aber ist Gott der Grund, daß die Welt sein *kann*, aber nicht, daß sie sein *muß*. Weil Gott der Grund ist, so ist er auch mehr als bloßer Grund der Welt, denn sonst wäre er eben nicht mehr wahrhaft der bestimmende, reine Grund, sondern von der eigenen Schöpfung, [878] von der Folge abhängig, und das Verhältnis würde sich umkehren. Gott wäre dann von der Welt bedingt, statt sie zu bedingen. Dieser verkehrte Schluß liegt in der verkehrten Anwendung des Gesetzes der Notwendigkeit, inwiefern man das Denken als das das Sein Bedingende und nicht als das vom Sein Bedingte angesehen. Wäre es aber das letztere, so wäre es nicht mehr das Denken vom Sein, nicht der Erkenntnisgrund des Seins, sondern der Seinsgrund des Erkennens, der objektive, der schaffende Grund desselben. Weil es aber das Denken vom Sein ist, muß das Sein unabhängig und vor dem Denken sein und als positiver, nämlich als Seinsgrund des Denkens gedacht werden, weil sonst das Denken, wenn nicht das Sein vorausgeht, gar nicht einmal sein, und wenn es gar nicht sein, so auch nicht denkend sein könnte. Ein anderes ist der *notwendige* Erkenntnis- und wieder ein anderes der *freie* Seinsgrund.

Rechnen wir nun diese Verwechslung weg, setzen wir alles, was die neuere Philosophie objektiv behauptet, auf Seite der Subjektivität, und alles, was sie positiv behauptet, negativ an, so bekommen wir folglich eine richtige Rechnung, und mit einer einfachen Reduktion erhalten wir aus den falschen Resultaten der neueren Philosophie lauter Wahrheiten. Der Beweis des Absoluten als eines nicht Nichtzudenkenden ist als Hauptgewinn und Hauptverlust schon angeführt. Nehmen wir nun das Einzelne des neueren Absolutismus.

Wenn Fichte sagt: Alles, was ich denke, ist auch, und ich setze das Sein, indem ich denke, so hat er objektiv, positiv und absolut gesprochen Unrecht; dagegen subjektiv, negativ und relativ ist es allerdings wahr; ich setze die erkennbare Objektivität in mir nur, indem ich sie denke, und das Denken ist ein Werden des Objektes, aber ein Werden nicht an sich, sondern in einem anderen im Subjekte.

Wenn *Schelling* sagt: Indem alles wird, wird es nur im Hinblick auf eine kommende Einheit und Subjektivität, so hat er objektiv Unrecht; indem dieser Lichtblick als das Höchste in das objektive Werden nicht hätte fallen können, wenn er als ein nicht Werdender, sondern Seiender nicht vor und über allem Werden gewesen wäre. Aber subjektiv ist es richtig: nur dadurch, daß die Objektivität dem Subjekte gegenüber in demselben sich spiegelt und auf das Subjekt wirkt, erzeugt es im Subjekte mit dem Bewußtwerden der außer dem Subjekt aufblühenden Objektivität auch das Bewußtsein des

Unterschiedes dieser Objektivität vom Subjekte, und dadurch das Bewußtsein des Subjekts. Für die Erkenntnis und ihre Entstehung ist ganz wahr, was für das Sein behauptet unwahr ist.

Ebenso, wenn *Hegel* behauptet, die Notwendigkeit, welche zwischen dem Denken und Sein in der Mitte steht, sei es allein, welche als Negation beider in dieser doppelten Negation die Position erzeuge; so hat er, wie schon bewiesen, in Beziehung auf eine objektive Negation, weil sie im objektiven und absoluten Sinne unmöglich ist. Für die Wahrheit des Seins [879] ist dadurch nichts getan; aber für die Wahrheit der Erkenntnis in ihrer relativen Einheit des Objektes mit dem Subjekte. Die notwendige Beziehung des Denkens mit dem Sein macht die Erkenntnis möglich, aber nicht an sich notwendig.

Der Grund dieses ganzen Irrtums liegt also einfach darin, daß man das zweite Denkgesetz, welches aus der Notwendigkeit alles Denkbaren hervorgeht, nicht in seinem Unterschiede faßte, und von dem ersten Denkgesetze der Möglichkeit nicht gehörig trennte. Man sah ein, daß alles Denkbare mit Notwendigkeit zusammenhängen müsse, aber man sah nicht ein, daß dieser Zusammenhang ein doppelter sei, ein Zusammenhang des objektiven Seins in sich und ein Zusammenhang desselben mit dem denkenden Subjekte, und daß das Verhältnis dieses Unterschiedes auch nur im Unterschiede von positiv und negativ denkbar sei, man schied diese Notwendigkeit nicht in die subjektive und objektive, nicht in die des Denkens und des Seins.

Der Irrtum scheint so leicht zu vermeiden, und doch gehörte nicht weniger als eine konzentrierte Anstrengung von mehreren Jahrhunderten, die eine Revolution aller bestehenden Weltverhältnisse zur Folge hatte, dazu, um denselben in allen seinen Folgen zu erschöpfen und bis in jene Tiefe zu verfolgen, wo er das Heilmittel in seinem eigenen Gegensatze finden sollte und konnte. Ob ich den Unterschied zwischen subjektivem und objektivem Grunde mache, wenn ich das zweite Denkgesetz des Grundes und der Folge ausspreche, das möchte manchem eine leere Spitzfindigkeit und eine bloße Demonstration eines überflüssigen Scharfsinnes zu sein scheinen, aber ein Blick auf die Geschichte zeigt, von welchen fast unberechenbaren Folgen ein Irrtum in den obersten Prinzipien und Grundsätzen des

Denkens sein kann und sein muß. So müssen Logik und Geschichte sich gegenseitig erklären, und ein einfacher logischer Fehler kann eine gewaltige Geschichtsentwicklung nach sich ziehen, und eine unabsehbare Geschichtsbewegung erscheint zuletzt als einfacher Träger eines unbedeutend scheinenden, kaum bemerkbaren Gedankenunterschiedes. Allein wo es einmal um die höchsten Sätze sich handelt, ist nichts mehr unbedeutend. Mit der Bestimmtheit des Gedankens entscheidet sich doch am Ende die Entwicklung des Lebens, und die reine Rückkehr zum einfachsten Moralprinzip ist von der notwendigen, allmählichen und historischen Bestimmung des Denkens gänzlich abhängig. Ehe der Streit des Gedankens nicht entschieden, kann auch der Streit des Lebens nicht entschieden werden.

Wenn wir somit auf die Feststellung des einfachen Grundsatzes: ich bin denkend, ein so großes Gewicht legen, so ist es keine Überschätzung des Wertes eines Gedankens, der mit einer vorausgehenden Entwicklung, die so bedeutend und alles umwälzend ins Leben eingegriffen hat, in so engem Zusammenhang steht, sondern vielmehr eine tiefbegründete Aufmunterung, die aus diesem einfachen Grundsatze hervorgehenden dialektischen [880] Entwicklungen nicht darum für trocken und unfruchtbar zu halten, weil man die Folgen derselben nicht allzeit gleich zu überschauen vermag. Was einfach ist, muß erst durch viele Mittelglieder hindurchgehen, bevor es in seiner universellen Bedeutung verstanden werden kann. Wir haben aber an dem schon Gewesenen einen Maßstab für die Bedeutung des Gegenwärtigen. Wenn unser Obersatz jenen folgenreichen Irrtum aufheben kann, so ist er schon darum wichtig genug. Daß er kann, das ist einerseits schon durch den innigen Zusammenhang desselben mit seinem Vorläufer zu erkennen, indem er jenen ganz wieder in sich aufnimmt und nur die Unbestimmtheit und Negativität desselben von sich ausschließt.

Liegt aber offenbar im Cartesischen Obersatz eine große Wahrheit, so ist ein Satz, der das und gerade das in sich einschließt, was jene Wahrheit begründet, von größter Wichtigkeit. Dieser Satz des Cartesius ist aber in diesem Sinne so wichtig und notwendig, daß auch die mittelalterliche Philosophie ihn nicht umgehen konnte, obwohl sie ihn auch nicht aussprechen durfte und konnte. Den Ausspruch des *Thomas v. Aquin* über die Existenz Gottes habe ich schon bei einer anderen Gelegenheit erwähnt. Aber auch hier bezeugt er wieder, wie das Subjekt mit dem Objekt schon vor der neueren Philosophie diese Gefahr, verwechselt zu werden, in sich schloß. Der Satz: Deus est ens absolute necessarium müßte nach logischen Gesetzen heißen: Deus est ens absolutum necessarie cogitandum; dann wäre die Notwendigkeit in das Denken eingetragen, wohin sie gehört, und nicht in das Sein Gottes, als wohin sie nicht gehört.

Dasselbe gilt von dem berühmten *ontologischen* Beweis des *Anselm v. Canterbury*. Wenn er sagt: Ein vollkommenstes Wesen kann ich denken; zur Vollkommenheit gehört auch das Sein: also ist ein absolutes Wesen; so gilt sein Satz erst, wenn erwiesen ist, daß das auch *sein muß*, was ich *denken kann*. Zu dem Satz des Anselm muß noch etwas hinzukommen, wenn er beweisend, von dem Satz des Cartesius muß noch etwas wegkommen, wenn er wahr sein soll.

Damit ist ungefähr ausgesprochen, worin die Wahrheit und der Irrtum dieser beiden philosophischen Bewegungen liegt.

[901] In der mittelalterlichen Philosophie ist das Positive wahr und das Negative falsch, in der neueren Philosophie dagegen ist es umgekehrt. Erstere beruht auf der bloßen Möglichkeit des Gedankens und verwechselt dieselbe mit der Wirklichkeit; die andere beruht auf der Verwechslung der Notwendigkeit mit der Wirklichkeit. In der ersteren sah man nicht ein, daß alles Mögliche von einer Seite auch notwendig sein müsse, und in der letzteren sah man nicht ein, daß alles Notwendige von einer Seite her bloß möglich sei.

Somit stehen wir jetzt an einem Punkte, wo aus der Vergleichung mit einer doppelten Vergangenheit die Stellung der Gegenwart uns klar werden kann und muß. Wir können uns vor der Einseitigkeit der Bewegungen sicher stellen und können das Positive und Wahre, was an beiden ist, für uns fruchtbringend machen. Die rechte Mitte liegt also nicht darin, daß wir beide Zeiten, die eben verschwindende und die längst entschwundene, aneinander hetzen, daß sie sich in ihrer gegenseitigen Negation einander verschlingen, wie die beiden Löwen in der Fabel, sondern daß sie in ihrer gegenseitigen Umarmung uns eine neue Zeit erzeugen.

Während die neuere Philosophie zuerst bloß im Gegensatze mit der älteren sich entwickelte und gegen diese fast nur ausschließend verfuhr, müssen wir allerdings auch in einen Gegensatz mit dieser jüngstvergangenen Zeit [902] treten, aber nicht nur ausschließend, sondern auch einschließend, indem wir ihren Irrtum abweisen und ihre Wahrheit behalten, dasselbe Recht aber auch der gleichberechtigten früheren Zeit der philosophischen Richtung einräumen und so beide wie in sich bestimmte Einheiten betrachten, die in ihren Gegensätzen den subjektiven oder den objektiven Grund zu sehr anerkennend, gerade dadurch die Gesamteinheit vorbereitet haben.

Ein Satz, wie wir ihn aufgestellt, läßt sich, aus einem anderen hervorgehend, der mit der früheren Zeit selbst wieder in einem notwendigen Zusammenhang stand, im Vergleiche mit dieser doppelten Vergangenheit von seiner negativen und positiven Seite entwickeln und dadurch zu einem höchsten einfachen Prinzip machen, das seine Zukunft aus seiner eigenen Wurzel in der Vergangenheit und im notwendigen Erkenntnisgrunde zugleich getrieben und in seinen ersten Entwicklungsformen die Grundlagen seiner Bildung und seines geschichtlichen Bestandes enthält.

VIII. Die notwendigen Folgen eines positiven Obersatzes für alle subjektive Wahrheit des Denkens.

Haben wir nun einerseits auf die *Mängel* und *Irrtümer der neueren Philosophie* aufmerksam gemacht und ihr von dieser Seite gewissermaßen den Fehdehandschuh hingeworfen, so müssen wir andererseits auch wieder ihre *Verteidigung* und *Rechtfertigung* übernehmen. Eine solche Rechtfertigung erheischt nicht allein die Billigkeit, sondern auch die Notwendigkeit, weil ja unser angegebener Obersatz so nahe damit zusammenhängt.

Ist nun auch diese neuere Philosophie über die Menschheit weggezogen wie eine schwere Wetterwolke über die schauernden Fluren, und hat auch der Donner ihres Wortes so manches Gebäude menschlichen Wissens bis in seine Grundfesten erschüttert, und sind vielleicht auch einzelne Blitze in irgendeine Menschenbrust niedergezuckt, daß sie hell aufflammte in verzehrender Lohe, und hat auch der Sturm, der diese schwere Wolke begleitete, irgendeinen Höhepunkt umgeworfen, wie etwa die Throne im Westen und Norden: so ist doch damit all der Nutzen nicht aufgewogen, den sie rings über Europa verbreitet; nicht aufgewogen das rührige Leben, das aus ihm in allen Zweigen des Wissens an die Stelle einer dumpfen Lethargie hervorgebrochen; nicht aufgewogen die tausend und tausend Blüten, die die Kunst am Sonnenstrahl des reicheren Bewußtseins erschlossen. Und nun die Wolke vorübergezogen und nur in der Ferne noch einsame Donner nachgrollen und die Blitze bleicher und seltener den Saum unseres Horizonts durchfurchen: sollten wir jetzt etwa so zürnen, da wir inmitten der Herrlichkeit stehen, die sie hervorgebracht und über uns des Regenbogens fried[903]liche Harmonie sich zusammenwebt? Sollten wir die Kinder sein, die während des Gewitters schlummern, wenn es aber vorübergezogen, es fürchten?

Diese neuere Philosophie ist's, die den letzten Grund- und Eckstein herbeigeschafft zum Dome des Christentums, den Eckstein, an dem die Bauleute selber Ärgernis genommen, und wenn nun auch dieser Eckstein manchen unter seiner Wucht zermalmt: er steht nun fest und unverrückt; und was ist dieser Verlust verglichen mit dem hohen Werke, das auf ihm sich erbauen wird und erbauen muß, in dessen mächtige Hallen dereinst hineinströmen werden alle Völker der Erde.

Somit ist es für unseren Obersatz nichts weniger als gefährlich, mit dem Obersatze dieser Philosophie so genau zusammenzuhängen, da wir schon gezeigt, daß er nur mit der wahren und richtigen Seite desselben verbunden sei, die falsche und unrichtige dagegen von sich ausschließe. Ja gerade dieser Zusammenhang ist eine sichere Bürgschaft für die große, welthistorische Bedeutung unseres Satzes.

Wie aber mit der neueren Philosophie, so hängt er auch mit der Scholastik zusammen, die, wie wir schon früher erwiesen, ebenfalls ihre schlimme Seite hat. Sie war es, die eine für sie selber unübersteigliche Kluft zwischen Glauben und Denken gesetzt hat, indem sie das Denken geradezu mißverstanden, und dadurch auch den Glauben. Ohne Denken kein Glaube. Wenn wir aber sagen: Ich bin denkend, so ist eben darin auch schon der Satz: Ich glaube, eingeschlossen.

Wir stehen nun an einem Knotenpunkte der Zeiten, wo zwei Bahnen sich durchkreuzen. Die Bewegung der Notwendigkeitsphilosophie ist abgelaufen, indem sie in ihren eigenen Gegensatz umgeschlagen und in höchster und letzter Instanz ihren möglichen Bestand zu leugnen sich genötigt sah. Die alte Zeit ist nimmer wieder zu erwecken, denn die Zeit kehrt nicht in sich selbst zurück. Die Widergeburt der Zeit erfolgt nicht dadurch, daß sie in ihren Mutterleib zurückkehre und sich wieder ans Licht gebären lasse, sondern dadurch, daß sie einem neuen Prinzip eingeboren werde und dadurch in ihrer eigenen Lebensentfaltung sich erneuere. Aber selbst diese vergeblichen Bestrebungen, eine längst entschwundene Zeit wiederzuerwecken, die scholastische Zeit wieder aufleben zu lassen, geben Zeugnis für diesen Lebensdrang. Ja, die Scholastik soll wieder auferstehen! Aber nicht, wie man es von vielen Seiten will, nicht in ihren *Formen*, sondern in ihrem Sinn und Geist! Kein wahrer Inhalt jener Zeit soll uns entschwinden, aber auch ihre Form soll uns nicht beirren. Sie ist zerschlagen, und niemand wird die zerbrochenen Stücke zusammenleimen; aber dadurch ist ihr Inhalt, ihr verborgener Kern offenbar geworden, und diesen sollen und wollen wir uns aneignen[20]. Gerade die Stellung in der Zeit, die uns [904] auffordert zur Regeneration der Wissenschaft und der Philosophie, gibt uns auch die Macht dazu.

Während Cartesius sich bloß in dem Gegensatze einer einfachen Entwicklung fand und daher auch nur einen einseitigen Fortschritt erringen konnte, haben wir zwei Zeiten vor uns, die in ihrem doppelten Gegensatze bereits auf die zugrunde liegende Einheit hinweisen. Indem wir das Unähnliche an der einen finden, sehen wir darin die Ähnlichkeit mit einer anderen Zeit, und so entsteht uns aus dem *doppelten Vergleich* die Erkenntnis einer höheren *Einheit.*

Aus der Ähnlichkeit und Unähnlichkeit geht die vermittelte Einheit hervor. Der Mensch kann überhaupt nichts erkennen, außer durch Vergleichung der Dinge, entweder mit sich oder untereinander. Diese Vergleichung ist nichts anderes als die durch eigene Tätigkeit gewonnene Zurückführung auf den bereits nachgewiesenen notwendigen Einheitspunkt. In dieser Vergleichung findet er notwendig einen Vergleichsgrund, ein *Allgemeines*, worin alle Dinge vergleichbar sind, und ein *Sonderheitliches*, worin sie sich unterscheiden. Was aber gar nicht verschieden ist, läßt sich nicht vergleichen, denn es ist eins, und was bloß verschieden ist, läßt sich auch nicht vergleichen. Eine solche Verschiedenheit gibt es aber nicht; denn die Verschiedenheit ist schon eine Beziehung. Was verschieden ist, muß von einem anderen verschieden sein, und dieses andere steht als anderes schon in einem beziehungsweisen Gegensatze. Kann ich gar nicht vergleichen, so kann ich auch nicht sagen, ob etwas verschieden ist. Nun aber jederzeit Verschiedenheit und Gleichheit ist, muß die Erkenntnis das finden, worin beide zugleich sind. In dieser *Einheit* ist die wirkliche Erkenntnis. Jeder Gedanke entsteht somit in dieser dreifachen Stufenreihe. Damit ist die Vergleichung vollständig zu Ende, und es ist eine Gleichheit entstanden, die

[20] Das Salbengefäß der Magdalena ist zerbrochen worden, aber der Geruch ist in alle Welt ausgegangen.

unbewußt zuvor dagewesen und durch Vergleichung eine bewußte geworden ist.

Damit ist daher die *Methode* überhaupt gefunden, durch die man von einem bestimmten Punkte aus zu einem wirklichen Fortschritt kommen kann. Ein solcher bestimmter Punkt ist aber, sowie die Bewegung von ihm selbst, nur möglich durch die Wirklichkeit dieser drei Verhältnisse. Wenn ich sage: »Ich bin denkend«, so habe ich eine Dreiheit von Verhältnissen ausgesprochen, die ich als ersten Akt meines Bewußtseins gar nicht verleugnen kann. Untersuche ich diesen ersten Akt, so finden sich an ihm bereits dieselben Grundverhältnisse der Ähnlichkeit, Gleichheit, Ungleichheit und der aus beiden hervorgehenden Einheit.

[921] Wenn ich diesen Satz ausspreche, so ist es freilich der einfachste Satz, der überhaupt ausgesprochen werden kann; allein schon in dieser Einfachheit ist er dreiteilig. Jeder Teil ist als einzelnes Satzglied von dem anderen verschieden. Das Subjekt ist vom Prädikat durch die Kopula getrennt. Allein wenn sie bloß verschieden wäre, würde ich sie nicht als einfachen und für sich einen einheitlichen Sinn gebenden Satz aussprechen können. Daß sie so ausgesprochen werden können, ja im ersten Akt des Bewußtseins sogar gerade so ausgesprochen werden müssen, ist der Beweis, daß sie etwas unter sich gemeinschaftlich haben, daß sie miteinander auf einem, allen dreien innewohnenden, allgemeinen Verhältnis beruhen. Dieses allgemeine Verhältnis muß aber in dieser Besonderheit ausgesprochen einen bestimmten einheitlichen Sinn geben und gibt ihn nur, indem es in der Besonderheit ausgesprochen wird. Ich finde aber diesen Sinn erst dann, wenn ich die wesentliche Beziehung dieser drei Verhältnisse zueinander und zu ihrem gemeinschaftlichen Grunde gefunden habe.

Auf einem anderen Wege ist aber überhaupt kein Fortkommen von einem gewissen Punkte, als wenn die Bedingungen des Fortschrittes in ihm selbst gegeben sind. Jeder lebendige Anfangs- und Ausgangspunkt muß aber diese Bedingung bereits in sich tragen. Sein Leben ist sein Licht. Der [922] von uns eroberte Punkt ist aber aus dem innigsten Zusammenhang mit der Entwicklung der Gegenwart aus der Vergangenheit hervorgegangen und trug dabei das Gepräge einer aus der bloß subjektiven Bewegung gleichfalls zu ermittelnden einfachen Wahrheit, so daß er ein zweifaches, und in der Beziehung beider Punkte aufeinander, ein dreifaches Lebenselement in sich trägt, das sich auch in seiner einfachen Gestalt offenbart, indem er ein *subjektives*, ein *objektives* oder *prädikables* und ein *kopulatives* Bestehen hat.

Aus der vollständigen Durchführung der Grundverhältnisse desselben wird sich daher auch der Reichtum seines so einfach scheinenden Inhaltes entwickeln lassen. Zwar wird es schwer, vielleicht unmöglich sein, ihn in allen seinen Bedeutungen zu erschöpfen. Dieses Wachstum müssen wir eben auch der Geschichte überlassen, die ihr Recht über alles Werdende sich nicht entreißen läßt. Allein die Grundverhältnisse lassen sich denn doch bestimmen und umso mehr bestimmen, als bereits eine doppelte Vergangenheit demselben vorausgeht und somit die Gegenwart selbst in einer entschiedenen Einheit und bereits vermittelten Zuständlichkeit erfaßt werden kann. Aus zwei Prämissen läßt sich ein bestimmter Schluß ziehen, was bei einer Prämisse noch immer sehr wagbar und meist unmöglich ist.

IX. Der geschichtliche Ausgangspunkt der neueren Philosophie.

Der positive Ausgangspunkt für alle Denkbewegung ist von uns bereits bestimmt. In ihm ist der erste Akt des selbstständigen, individuellen und subjektiven Bewußtseins gesetzt. Dieser erste Akt, mit dem im Grunde jeder Gedanke beginnt, nur daß nicht jeder Gedanke bis zu diesem seinem Anfang zurückgeführt wird, kann nicht wieder einen positiven Akt der Denkbewegung voraussetzen, um von diesem bewiesen zu werden, sondern ist die erste positive, subjektive Voraussetzung, auf welche alle anderen Akte des Selbstbewußtseins zurückgeführt werden müssen, um dadurch bewiesen zu werden. Wir haben daher diesen ersten Akt auch nur auf negative Weise erweisen können, nämlich als einen nicht zu leugnenden. Diesen Anfangspunkt haben wir nun ganz bestimmt und so einfach festgestellt, als die erste Position des Denkens möglicherweise sein konnte, indem wir so weit zurückgegangen sind, als eben möglich war, und nur da stillstanden, wo unser Rückschritt selbst zum positiven Fortschritt geworden ist, wie *Dante* vom Mittelpunkte der Erde dieselbe Anschauung bereits in anderer Weise festgehalten hat.

Diese Bewegung geht nun vorwärts, indem sie ein Ähnliches und Unähnliches, Allgemeinheit und Verschiedenheit zur Einheit zu vermitteln strebt, weil eine solche, wenn auch unerkannte, doch immer faktische Einheit schon im ersten Akt des Bewußtseins sich findet.

[923] Das nicht Nichtgedachtwerdenkönnende haben wir aber historisch bereits auch als das subjektiv Seinmüssende erkannt, und subjektiv ist gleichfalls die Unmöglichkeit offenbar geworden, es abzulehnen. Was gar nicht geleugnet werden kann, ist subjektiv gewiß. In dem ersten Akte ist aber die Voraussetzung alles subjektiv Gewissen gegeben, und nur insofern kann irgend etwas als subjektiv gewiß genommen werden, als es in notwendiger Verbindung so mit dieser ersten Position zusammenhängt, daß diese gleichfalls damit fallen würde.

Nachdem nun aber dieser erste unumgängliche Punkt einmal feststeht, läßt er sich auch in seinem inneren organischen Bestand erkennen, läßt er sich nun selbst als Objekt des Denkens hinstellen und in seinem Verhältnis zur Tätigkeit analysieren, die ihn zuerst gesetzt hat. Der Gedanke ist durch diese erste Geburt seiner selbst zu sich selbst gekommen, indem er von sich selbst kam, indem er gleichsam von seinem eigenen verborgenen Inhalt entbunden wurde. Dieser erste Akt des Bewußtseins hat nun aber in seiner ersten Geburt ein Ebenbild seines eigenen Wesens hervorgebracht, durch das uns sein eigenes inneres Regen und Entfalten kund geworden. Diese erste Zeugung hat ein in sich *drei*gliedriges Leben erzeugt, dessen Glieder unter sich in einer organischen und untrennbaren Einheit bestehen und doch in ihrem eigenen Bestand als unterschiedene Elemente derselben Grundeinheit sich voneinander lossagen und für sich betrachtet werden können, und zwar von einem Dritten, das in diese Gliederung selbst mit eingehen und auch von ihr sich wieder ausschließen kann, in dem diesen Akt notwendig produzierenden Subjekte betrachtet werden können.

Nun sind sich zum ersten Mal Subjekt und Objekt gegenüber. Das erste Verhältnis von der subjektiven und objektiven Seite der Erkenntnis ist nun ausgesprochen. Es gibt daher weder eine subjektive noch eine objektive Einheit, die überhaupt in einer anderen und höheren Relation dem Bewußtsein des Menschen klar werden könnte. Die erste Form des Bewußtseins ist auch die einfachste Form. Was sich nicht auf diese einfachen Grundverhältnisse zurückführen läßt, das kann mit demselben auch nicht vermittelt und ausgeglichen werden. Eine unaufgeschlossene Einheit kann von dem subjektiven Vermögen des Denkens nicht ergriffen werden. Nur was sich offenbart, und zwar in einem von den drei durch den ersten Akt des Bewußtseins angedeuteten Verhältnissen offenbart, kann zum Bewußtsein gebracht werden. Darum reduzieren sich alle höchsten Einheiten des menschlichen Bewußtseins auf jene drei Grundverhältnisse. Diese drei Grundverhältnisse sind als Erkenntnisform auch der letzte subjektive Erkenntnisgrund.

Es wäre daher ein ganz verkehrter und schülerhafter Vorwurf, hervorgehend aus der Nichtausscheidung des objektiven und subjektiven Verhältnisses dieses Satzes, des bloßen Aktes von seinem Inhalt, wenn man dem Satze: »ich bin denkend« das Bedenken entgegenhalten wollte, daß man ja nicht immer denke und ein Zweifel entstünde, ob man denn in dem [924]

Momente auch *sei*, da man nicht denke. Der Akt des Bewußtseins, der mit dem Denken uns auch unser selbst gewiß macht, ist nicht das Sein, und der Satz: »ich bin denkend«, oder »ich bin meines Seins denkend gewiß«, sagt nicht, daß ich kein aktives Bewußtsein davon habe, sagt nicht: »ich bin das Denken«, dann freilich würde ich nicht denkend, auch nicht seiend sein. Diese Anschauung geht überhaupt aus jener schülerhaften Gedankenlosigkeit hervor, die dadurch zu widerlegen glaubt, daß sie etwas eben nicht versteht und daß dann die eigene Gedankenlosigkeit der Philosophie aufbürdet, zwischen dem Subjekt und Objekt in der Erkenntnis und die vergleichende Tätigkeit mit dem verglichenen Inhalt verwechselt.

Dieselbe Verwechslung ist auch im historischen Sinne da, wenn man die Verschiedenheit der einzelnen philosophischen Systeme in ihrer äußeren Entwicklung ihrer inneren Einheit entgegensetzt. Weil man den Zusammenhang der einzelnen Systeme nicht begreift, so sagt man ganz keck, es stecke keiner darin. Sie erinnern sich vielleicht gerade in dem Moment an die Verse eines sehr bekannten Dichters, der diese Art zu räsonieren in sich aufgenommen.

> »Jeder, sieht man in einzeln, ist leiblich klug und verständig,
>
> Sind sie in corpore, gleich wird euch ein Dummkopf daraus.«[21]

Mit diesen Worten hat der Dichter das derbste Epigramm gemacht, aber nicht auf die Philosophen, sondern auf sich. Denn der Versammlungsort dieser Philosophen ist doch kein objektiver, sondern ein subjektiver, es ist offenbar des Dichters eigener Kopf, und dann – doch niemand ist berechtigt, ihm das nachzusagen, was er sich nur von sich selbst sagen lassen durfte. Aber auch er hatte nicht das Recht, über einen Stoff zu urteilen, dessen Einheit er nicht erkannte.

---

[21] aus: Friedrich Schiller, Xenien.

Nur in der höheren Einheit ist der Widerspruch wahrhaft erkennbar, weil er wahrhaft lösbar ist. Der Gegensatz muß sein, weil ohne Unterscheidung keine Gliederung und ohne Gliederung keine wirkliche Vereinigung stattfinden kann. Schon der erste Akt des Bewußtseins begreift darum beides in sich, die Trennung und die Verbindung, die Verschiedenheit und die Einheit. In dieser Dreigliedrigkeit offenbart sich aber der erste Akt des Bewußtseins nur, weil er selbst in dieser Trilogie besteht. Das Bewußtsein selbst ist ein in sich Zweifaches, ist ein Wissen von einem anderen, ein Wissen vom Sein in einem Dritten, im einheitlichen Akte dieses Bewußtseins. Nur in dieser Einheit ist es selbst geworden. Es war nicht von jeher, sondern wir werden uns seiner erst im bestimmten Akte bewußt. [Es] wird darum auch nur wahrhaft erkannt in der Erkenntnis der Verschiedenheit und Einheit. Diese beiden setzen aber ein Drittes, das Ununterschiedene das allgemein Bezügliche voraus, jenen Grund, wo die Verschiedenheit noch ohne bestimmtes Verhältnis bloß der Möglichkeit nach verborgen liegt. Diese Allgemeinheit ist die negative und subjektive Voraussetzung; die Verschiedenheit ist aber sogleich zweifach: die Unterscheidung von dem Subjekte [925] überhaupt und die Unterscheidung dieses, dem allgemeinen, subjektiven Vergleichungspunkte entgegengesetzten, ersten, einfachsten und allgemeinsten Objektes.

Wir müssen daher für jede Erkenntnis einen solchen allgemeinen Ausgangspunkt haben, zu dem, als zu seinem allgemeinen Grunde, alle Unterscheidung zurückgeführt werden kann, damit es an ihm, als dem Vergleichungspunkt, zur Einheit mit sich und dem Vergleichungspunkte geführt werden kann. Darum muß alles, was wir erkennen sollen, uns auf irgendeine Weise berühren, sich uns offenbaren können, und das so offenbar Gewordene müssen wir dann in seinem Unterschiede von uns und in sich und in seiner Einheit mit sich und uns erkennen. Dieser allgemeine Einheitspunkt ist die vergleichende Subjektivität, die von sich selbst nichts weiß, als daß der Vergleichungspunkte, das Subjekt überhaupt ist, der Punkt, dessen wir als eines nicht zu leugnenden, also im Grunde negativen Ausgangspunktes an und für sich gewiß sind.

Ohne uns gerade darüber Rechenschaft zu geben, wenden wir daher im Leben die gleiche Methode der Erkenntnis an, aber umso unvollkommener, je weniger wir ihr Gesetz erkennen. Wollen wir über irgendeinen Gegenstand der Kunst oder der Geschichte oder irgendeiner anderen Sphäre des Erkennens uns Rechenschaft geben, so suchen wir ihn von ähnlichen Dingen zu unterscheiden und für sich festzuhalten. Damit haben wir aber noch kein detailliertes, klares Bewußtsein, sondern indem wir ihn unterscheiden, halten wir ihn wieder mit anderen zusammen, aber nicht mit allen möglichen Punkten, sondern mit den ihm zunächst stehenden, die wir zusammen in eine Sphäre, in eine Gattung einordnen; wollten wir über diese Sphäre als über eine bestimmte Einheit uns Rechenschaft geben, so müßten wir den gleichen Gang beobachten. Zuletzt müßten wir dann auf ein Allgemeinstes kommen, welches bei allen Vergleichen in letzter Instanz angewendet werden kann und muß. Dieses Allgemeinste fordern wir aber dann nicht mehr im Gegenstande, denn der ist eben das zu Vergleichende, sondern dieses Allgemeinste ist dann ein rein Subjektives, jenes, was jeder Objektivität gegenübersteht. Je klarer nun diese Subjektivität ihren eigenen Anfangs- und Haltpunkt erkennt, umso klarer tritt die Unterscheidung und die daraus hervorgehende Einheit hervor.

Dieses Gesetz, welches sich darum auch im allgemeinen Streben offenbart, war der verborgene Grund, der in der Geschichte der Philosophie aus seiner Verborgenheit hervortreten und zum lebendigen Bewußtsein kommen wollte. Wir finden ihn daher auch in der Zeit, aus der unsere eigenen Untersuchungen herauswachsen, schon faktisch begründet, aber nicht in seinem vollständig einheitlichen Gesetze, sondern mit der noch obschwebenden Ununterschiedenheit des Subjekts in seinem Unterschied vom Denken und Sein und des Subjektes in seiner notwendigen und relativen Verbindung mit beiden.

[926] Wenn wir zunächst auf *Cartesius* zurücksehen, so ist dieses Bestreben, Sein und Denken oder die zwei Faktoren des ersten Aktes des menschlichen Bewußtseins miteinander zu verbinden, schon in ihm nachgewiesen. Dieses Bestreben ist der Inhalt der ganzen Philosophie nach ihm. Allein er hatte den Vergleichungspunkt unrecht oder ungenau angegeben, indem er ein bloßes ergo dazwischen geschoben und nicht die Vergleichung der Subjekte, sondern gerade in diesen die Verschiedenheit von ihren Prädikaten mit ihrer Einheit mit denselben identifizierte. Er ging den Weg der

Vergleichung der Objektivität mit der Subjektivität, hatte aber gerade auf diesem Wege den Unterschied im Subjekte übersehen, weil er den Unterschied aufheben wollte, und so ist die Philosophie nach ihm zum immer weiter vorwärts schreitenden Verallgemeinern gekommen, bis sie zuletzt in einer absoluten Ununterschiedenheit und Identität des Seins mit dem Denken geendigt hat.

Ihm gegenüber steht *Bako v. Berulam*, der Begründer eines objektiven Realismus, der vom Unterschiede in seiner notwendigen Beziehung ausging und durch die Vergleichung der unterschiedlichen Einzelheit zur höheren Einheit gelangen wollte. Er schloß daher das Subjektive von seinem Gang aus und wollte durch genaue Klassifikation und aufsteigende Synthesis zur Einheit gelangen. Da aber der allgemein vergleichende Ausgangspunkt in dieser Synthesis der Objektivität nicht vorher untersucht war, so mußte seine Bewegung zu einer Reaktion gegen alles vernünftige Wissen werden und zuletzt in einer rein unterschiedlichen Sinnesauffassung, deren Wahrheit selbst wieder zweifelhaft war, sich endigen.

So begegneten sich ein *analytischer* und ein *synthetischer* Weg, eine Bewegung des Denkens durch die Allgemeinheit, in der das einzelne seine Beziehung finden sollte, und durch die Besonderheit, in der das Allgemeine seine Realität finden sollte. Vor beiden begegneten sich aber beide Wege schon in einem einzigen Mann und nicht bloß in einer Zeit, in *Raymundus v. Sabunde.* Dieser von den späteren Geschichtsschreibern leider in seiner Tiefe unverstandene Geist ist als der eigentliche Gründer der neueren Philosophie und zugleich als die letzte Blüte der reichen Erkenntnis des Mittelalters zu betrachten. Er ist der Übergangspunkt zweier Zeiten, der Kern des philosophischen Gebirgsstockes, an dem zwei entgegengesetzte Züge sich kreuzen. Zu deutlich ist in Kant der Einigungspunkt der Bakonischen und Cartesischen Richtung ausgesprochen, als daß einer von diesen beiden als Ausgangspunkt der neueren Bewegung bezeichnet werden könnte. In Raymundus aber treffen wir beide Richtungen noch vereinigt an. Er geht in seiner theologia naturalis von der Zusammenstellung einer vierfachen Seinsweise aus und schließt dann aus der Gleichheit und Ungleichheit auf die Wesenheit Gottes und des Menschen, so daß er stets auf Bakonischem und Cartesischem Wege zugleich vorwärts schreitet. In ihm ist die Methode des Philosophierens auf den Grund des zweiten Denk[927]gesetzes, wie es die neuere Philosophie zu ihrer Grundlage genommen, am deutlichsten ausgesprochen. Aber bei ihm fehlt der einfache Ausgangspunkt, wie ihn Cartesius bestimmte, und die genaue Untersuchung des Gegensatzes, wie sie Bako gewollt. Dagegen sind seine Resultate bei weitem glänzender und reicher als bei den beiden späteren, getrennten Nachfolgern seines einfachen Weges. Von dieser Seite ist Raymund die wichtigste Erscheinung fast der ganzen christlichen Philosophie. Diese Wichtigkeit wird dann durch seine vermittelnde Stellung in der Zeit noch vermehrt.

Wir aber haben den gleichen Beruf der Vermittlung nur in bestimmterer Potenz ausgesprochen vor uns. Die Mangelhaftigkeit in Raymund ist durch die Bewegung der neueren Philosophie aufgedeckt; die Einseitigkeit der sonderheitlichen Richtungen, die in ihm noch vereinigt waren, ist gleichfalls zu Tage getreten. Nun können wir diese Gegensätze gleichfalls wieder vereinigen und den subjektiven gewissen Ausgangspunkt, den Raymundus nicht gefunden, hinzufügen, so daß wir an die Stelle des höchst geistreichen Verfahrens des Raymundus ein bewußtes und wissenschaftliches Fortschreiten von einem sicheren Ausgangspunkt durch den Gegensatz der Gleichheit und Ungleichheit zur höheren Einheit, in welcher Gleichheit und Ungleichheit ausgeglichen erscheinen, setzen können. Damit ist offenbar eine Ausgleichung der Gegensätze der neueren Philosophie unter sich und dieser mit der älteren scholastischen Philosophie angebahnt, und wir können uns nicht bloß zwischen beide, wie Raymundus, sondern durch die geschichtliche Erkenntnis getragen über beide in die höhere einheitliche Mitte stellen.

[945]

X. Das denkende Subjekt im Verhältnis zum Ich und Nicht-Ich.

Wenn wir einen Blick auf die bisher durchlaufene Bahn werfen, so möchte uns der Fortschritt fast etwas langsam bedünken. Aber unsere Fahrt gleicht dem Laufe eines Schiffes, das, solange es am Ufer hinsegelt und die Gegenstände ganz nahe an ihm vorübergleiten, allerdings sehr rasch vorwärts zu kommen scheint. Ganz anders aber, wenn es einmal auf die Höhe der See hinausgesteuert und die Gestirne über ihm die einzigen Schnelligkeitsmesser werden, die noch dazu dadurch, daß man sie beständig observiert, noch mehr den Lauf desselben zu verzögern scheinen. Aber gerade diese beständige Observation dient zur Richtung des Laufes und zur Erkennung des Fortschrittes, und nicht dieser ist ein geringerer geworden, sondern nur sein Maß ein größeres. So befinden auch wir uns bereits auf den Höhen des Gedankens und müssen nach den Sternen des philosophischen Himmels blicken, um nach ihnen die Richtigkeit und Größe unseres Fortschrittes zu messen. Der Rückblick des Raymund v. Sabunde hat gezeigt, daß wir schon eine größere Distanz zur Messung annehmen, hat gezeigt, wie wir von Raymundus und Bako und Cartesius fortgeschritten, und hat zugleich von der Richtigkeit unseres Ganges Zeugnis gegeben.

Der Ausgangspunkt ist bereits festgestellt, und zwar als letzter, einfachster und darum auch allgemeinster Anfang der Denkbewegung bestimmt. In der Entwicklung dieses Ausgangspunktes hat sich aber von selbst wieder [946] der Unterschied zugleich mit der ihn aufhebenden Einheit dargestellt, so daß wir den gefundenen Gesetzen zu folgen uns genötigt sehen, ehe wir sie in dieser Notwendigkeit erkennen. Die Bewegung des Denkens, die von der Möglichkeit des subjektiven Zweifels ausgeht und dadurch zur ersten subjektiven Gewißheit fortschreitet, hat die beiden ersten Gewißheiten des Denkens als negativ und positiv voneinander geschieden. Der Satz: »ich kann an allem zweifeln« und der Satz: »ich bin denkend« unterscheiden sich in ihrem eigenen Inhalte, und das unbestimmte Setzen von zwei Fällen, zwischen denen die Entscheidung schwankt, im ersten, und das bestimmte Setzen dieser beiden Fälle im zweiten bildet einen inneren Fortgang von dem einen zum anderen, von der Negation zur Position. In beiden verschiedenen Gewißheiten ist aber auch wieder ein gemeinschaftlicher Punkt, durch den die Einheit hergehalten wird und der in jedem dieser Sätze auch wieder als Einheits- und Mittelpunkt gesetzt ist. Dieser gemeinschaftliche Punkt ist offenbar das vermittelnde Ich, welches in beiden Sätzen sich gleich bleibt. Das Allgemeine im Gedanken bleibt demnach eben dieses Ich. Zu diesem Ich muß alles zurückbezogen werden, was eine negative oder positive Gewißheit für uns haben soll.

Dieses Ich muß daher auch zuerst in nähere Untersuchung genommen werden. Ist es ein einfaches Element des Gedankens oder nicht? An und für sich scheint es einfach. Allein die Geschichte tritt hier warnend ein und weist auf den Cartesischen Satz, wo dieses Ich in Mitleidenschaft mit dem Subjekt und mit dem Prädikat gebracht worden ist. Einfach ist das Ich in beiden Sätzen; allein in jedem einzelnen Satze erscheint es selbst wieder als ein nicht einfaches. Dieses Ich ist in beiden Sätzen schon dadurch verschieden, daß es einmal negativ, das andere Mal positiv erscheint; es wird ferner dieses Ich offenbar in beiden Sätzen mit noch anderen Prädikaten zusammengestellt, von denen es sich aber notwendigerweise unterscheidet. Je nachdem ich nun das Ich in seinem Unterschiede oder in seiner verbindenden Allgemeinheit nehme, ist es sich selbst nicht mehr gleich.

Das Ich kann genommen werden in seiner Einheit mit seinen *Prädikaten* und in der *Verschiedenheit* mit denselben. Es ist somit ein dreifaches Ich gesetzt, ein seiendes, ein denkendes und ein zugleich seiend oder denkendes, oder ein weder seiend noch denkend gedachtes. Jedes von den beiden ersten Verhältnissen verbindet zwei Glieder zueinander. Jedes steht also in einer Beziehung zu den beiden Gliedern der Verbindung und ist auch möglicherweise von diesen beiden Gliedern trennbar und für sich in seinem Unterschiede denkbar.

Das Ich wird, inwiefern es mit dem Prädikat und der Kopula verbunden ist, als *Objekt* von sich selbst, als ein anderes von sich, und inwiefern es nicht damit verbunden ist, als *reines Subjekt* erscheinen und in beiden Fällen den Unterschied zulassen. Ich, das Subjekt, ist nicht Ich, das Objekt.

[947] Das Zurückbeziehen aller Prädikate zum Ich kann also ohne vorausgehende bestimmte Unterscheidung durchaus keine reine Erkenntnis geben. Die Beziehung zum Ich ist nicht immer eine Beziehung zum Subjekt. Jede Erkenntnis aber, die zwischen Subjekt und Prädikat nicht genau ausscheidet, muß notwendig in Ungenauigkeit und Irrtum, in Verwechslung der höchsten einfachen Prinzipien alles Denkens geraten. Wir müssen folglich unterscheiden zwischen dem Ich ohne Prädikat und zwischen dem Ich mit dem Prädikat des Denkens und der damit verbundenen Kopula des Seins; zwischen dem Ich, das die zwei Fälle des Seins vermitteln soll, und zwischen dem Ich, das ohne diese beiden Prädikate von sich selbst nicht gedacht werden kann.

Wie wir aber von dem Ich eine doppelte Position haben, die des subjektiven und die des objektiven, so haben wir im objektiven Verhältnis das Sein, das zum Ich und zum Denken ein gleichmäßiges Verhältnis hat, indem es mit beiden zugleich gedacht und beiden zugleich vorausgesetzt werden muß.

Das Mittelglied, die Kopula, wird aber in diesem Verhältnis von den beiden anderen Gliedern vorausgesetzt, weil das eine mit dem anderen sich ohne diese Kopula nicht verbinden könnte. In der Verbindung ist die Kopula das doppelt Bezügliche, während jedes einfache Glied nur einfach bezüglich erscheint. Indem das denkende Ich den bestimmten Akt des Bewußtseins poniert, erkennt es denselben als einen anfänglichen, mit dem eigenen Selbstsetzen erst gesetzten und seienden. Das Ich erkennt sich als ein zu denken anfangendes, und indem es einmal den Anfang als solchen im Bewußtsein trägt, kann es auch das mit sich verbundene Sein nur als ein anfangendes betrachten, weil es dasselbe als die notwendige Kopula betrachtet. Es denkt sich aber das Ich als ein zu denken anfangendes und doch auch wieder als ein zu sein anfangendes; denn könnte es sich als Ich immerwährend, unanfänglich denken, so könnte es sich nicht als zu denken anfangendes Ich denken; denkt es sich hier als ein anfangendes, also ohne das *Denken* auch nicht *Ich* seiend, so denkt es sich auch zum Teil als ein Ich, das kein Ich ist, als ein Ich, dem das Sein auch wieder nicht zukommt, als nicht seiendes und nicht ewig bei sich oder denkend seiendes. War aber das Ich nicht bei sich, so war es als Ich gar nicht, da es aber eben nur als Ich ist, ist es anfangend. Denkt es aber ein anfangendes Sein mit dem Ich, so muß es auch ein *Sein vor seinem Anfang* denken, damit der Anfang sein kann. Damit ist dann auch wieder eine Unterscheidung im Ich gleichfalls nötig, weil eine solche in der Kopula wesentlich hervortritt. Das Ich könnte nicht sein ohne das Prädikat des Seins; dieses Prädikat ist aber ein doppeltes, folglich wird das mit dem Ich notwendig verbundene Prädikat eine Unterscheidung des mit dem kopulativen Sein und des mit dem an sich zu denkenden Sein verbundenen Ich zulassen.

[948] Auf das allgemeine Bewußtsein angewendet will diese Unterscheidung so viel sagen: Jeder Mensch ist als denkendes Wesen jenes Ich, das von sich selber sagt: ich bin denkend. Indem aber der einzelne Mensch sich selbst als ein Individuum, als ein Ich erkennt, erkennt er sich zugleich als Nichtich, nämlich als nicht bloß individuelles Wesen, sondern als Menschen überhaupt, als ein Wesen, welches nicht von sich als von einem Individuum denken kann, außer indem es zugleich bestimmte Eigenschaften, die mit seiner Individualität zugleich vereinigt sind, mit derselben zugleich denkt. Es denkt sich der Mensch zugleich mit der Individualität die Allgemeinheit, ohne welche das Individuum nicht denkbar sein könnte. Ich beziehe also alles Erkennbare zu mir, inwiefern ich ein unabhängiges, für mich bestehendes, selbstdenkendes und selbstseiendes Individuum bin, und beziehe es zugleich zu mir als einem Gattungswesen, von welcher Gattung ich als einzelnes Wesen derselben existiere. Etwas anderes ist es, ob ich etwas zu mir als singulärem Ich oder zu mir als allgemeinem Ich beziehe. X verhält sich zu y nicht wie dasselbe x zu y.

Darin liegt aber die wahre Schärfe des Philosophierens, da noch den Unterschied zu finden, wo dem ungeübten Blicke sich eine Einfachheit zeigt, und da noch die Vermittlung zum Allgemeinen zu erkennen, wo dem gleichfalls nicht Geübten eine reine Verschiedenheit sichtbar wird. Das Unterscheiden und Wiedervereinigen bis zum letzten Prinzip fortgesetzt müßte notwendig die bestimmteste, klarste und unfehlbarste Wissenschaft geben. Um zu dieser Klarheit zu gelangen, muß man folglich diese Operation bis zu jenem Punkte fortsetzen, wo die Unmöglichkeit einer weiteren Prozedur in sich selbst die entgegengesetzte Bewegung hervorruft. Ein solches Fortschreiten ist aber notwendig von der Zeit bedingt. Man kann in einem Obersatze eine neue Unterscheidung oder Einheit ponieren, und dann setzt man ein neues philosophisches System, und nur der ist ein Philosoph, cum emphasi, der eine solche neue Einheit oder Unterscheidung in den höchsten Prinzipien der Erkenntnis gefunden hat, und wenn man die Ausführung der einzelnen Glieder sich macht, findet man erst, daß noch ein Residuum zurückgeblieben, mit dem der Prozeß von neuem beginnen muß. Es ist wie das Experiment eines Chemikers. Will man nun dieses Residuum auch noch zersetzen, so muß man die Teilung fortsetzen; allein die vorausgewonnenen Resultate werden dadurch nicht mehr ganz, sondern nur teilweise umgestaltet, indem zu dem durchgemachten Prozeß nur noch das neue Verhältnis hinzugefügt werden muß. Es hat sich in einer chemischen Auflösung so viel Calcium und so viel Sauerstoff gefunden und ein Residuum, das möglicherweise wieder etwas von Sauerstoff enthält. Habe ich dieses gelöst, so darf ich nur den Sauerstoff weiter hinzuaddieren. Oder es entdeckt sich ein neues Lösungsgesetz, mittels dessen ich das Calcium auch zersetzen kann, so habe ich es doch wieder mit einem schon einmal in einer Hinsicht bestimmten Verhältnisse der Untersuchung zu tun. So ist die Ge[949]schichte der Philosophie ein solches Bewußtwerden des experimentierenden Geistes, der auf den schon gewonnenen Resultaten fortbauend zur letzten Einheit strebt.

Vergleichen wir daher die eben gewonnene Unterscheidung im Ich mit den Resultaten der neueren Philosophie, so wird uns sogleich klar, daß man hier nicht bestimmt genug ausgeschieden, sondern ein Residuum zurückgelassen, dessen weitere Lösung der Zukunft aufbehalten bleibt.

Den Mangel der unausgeschiedenen Allgemeinheit im vergleichenden Ich haben wir schon nachgewiesen. Diesen Mangel finden wir daher auch sogleich in der weiteren Entgegensetzung und Vergleichung als einen im höchsten Grade verwirrenden und die Lösung der ersten Fragen des Denkens und Seins erschwerenden. Die falsche Entgegensetzung und falsche Identifikation geht durch die ganze neuere Philosophie hindurch.

Nehmen wir jenen Punkt, wo diese falsche Identifikation sich am bestimmtesten mit dem von uns anerkannten Einheitspunkte des Ich zusammengefunden, die *Ficht'sche Identitätslehre*, so tritt uns sogleich ein dialektischer Mangel in der Entgegensetzung von Ich und Nichtich entgegen, der sich dann später in Schelling und Hegel nur fortgepflanzt und anders gestaltet hat, in seinem Wesen aber sich selbst gleich geblieben ist, indem man das Sein dem Nichtsein gleichsam als koordinierten Gegensatz gegenübergestellt hat. Die einfachste dialektische Vergleichung läßt uns erkennen, daß das Ich mit dem Nichtich und ebenso das Sein mit dem Nichtsein gar nicht im direkten Gegensatze stehe. Das Nicht vor dem Ich und vor dem Sein negiert zwar das Ich und das Sein, aber das also negierte Ich oder Sein ist eben nur in einfacher, logischer Scheidung und Negation, aber nicht im positiven Gegensatz. Im Nichtich ist nur der eine Teil, das Nicht, im Gegensatze mit dem ersten Gliede, aber nicht der andere. Ein zweigliedriges Verhältnis kann überhaupt nicht in einem direkten Gegensatze stehen mit dem eingliedrigen. Am zweigliedrigen Verhältnis ist ein negatives und ein elegiertes und folglich an sich positives Glied zugleich gesetzt, während im eingliedrigen oder vielmehr einfachen Subjekte ein einfach positiver Punkt gegeben ist. Das Nicht ist eigentlich nur ausschließend, aber nicht einschließend und nicht positiv bestimmend. Die einfache, logische Unterscheidung würde uns diesen Fehler zum Bewußtsein bringen, wenn man sich nur immer bis zur logischen Konsequenz und genauen Untersuchung der einfachen Verhältnisse des Denkens herablassen will.

Die bloße Ausschließung gibt nur eine höchst allgemeine Bestimmung in ihrer Zweigliedrigkeit. Wenn ich sage: München liegt entweder in Abessinien oder nicht, so weiß ich dadurch im zweiten Fall nur höchst unklar, wo München liegt. Ein allgemeines oder Gattungsverhältnis muß folglich mit dazu gedacht werden, dann entsteht eine eigentliche Disjunktion. Alle Pflanzen sind entweder Bäume oder nicht; damit habe ich ausschließend gesprochen. Allein will ich nun wissen, was Baum ist, so muß ich auch [950] den negativen Teil bestimmen. Ich muß die Negation in ihre Verhältnisse zur Gattung und zur bestimmten Art zerlegen, dann werde ich aber zwei Glieder bekommen, weil zwei Verhältnisse. Was nicht Baum ist, ist entweder Kraut oder Strauch, denn im Verhältnis zur Gattung Pflanze unterscheide ich zwei Eigenschaften, die räumliche und die zeitliche Bestimmung, welche im Unterschiede des Baumes vom Begriff Pflanze offenbar werden. Die zeitliche Bestimmung gibt uns den Baum als perennierendes Gewächs, die räumliche als einstämmiges Gewächs zu erkennen. Es kann also in derselben Gattung der äußeren Erscheinung des Wachstums nach Pflanzen geben, die wie der Baum auch perennierend sind und doch von ihm räumlich unterschieden, indem sie nicht einstämmig erscheinen, und diese nennen wir Gesträuche, und kann andere, die bald einstämmig, bald mehrstämmig sind und also sowohl Bäume als Gesträucher sein könnten, wenn sie sich von beiden nicht dadurch unterschieden, daß sie nicht über der Erde perennierend sind, und diese letzteren nennen wir schlechthin Kräuter. Nun erst ist der Begriff des Baumes in seinem positiven Verhältnis vollständig bestimmt. Die Pflanzen teilen wir nicht bloß in Bäume und Nicht-Bäume, sondern positiv in drei Verhältnisse. So bei jeder anderen Gliederung. Das Nicht negiert bloß die Art, aber nur, wo es von der Gattung bestimmt ist; und wo keine Gattung oberhalb bestimmt ist, muß es selbst bestimmt werden. Dies ist beim Gegensatz von Nichtich und Ich der Fall; hier sind wir daher auf einen neuen, *drei*gliedrigen Vergleich angewiesen.

[969]

XI. Ausscheidung der einzelnen im Ich liegenden Verhältnisse.

Wenn ich dem Ich ein Nichtich gegenübersetze, so habe ich eben darum, weil das Ich selbst schon an sich zwei Rücksichten zuläßt, eine doppelte Unterscheidung, eine doppelte Verneinung ausgesprochen. Mit dem Nichtich kann ich die individuelle und die allgemeine Seite am Ich negieren, nicht aber das ganze Ich, denn sonst müßte ich das Ich aus der Negation ganz weglassen. Wenn ich von dem Sein rede, so kann ich nicht sagen: der Gegensatz von dem Sein ist das Nicht-Sein. Das Denken ist auch nicht das Sein, das Wollen gleichfalls nicht, die Erscheinung auch nicht, das Dasein die Existenz wieder nicht. Ist nun das Sein irgendeines von diesen im Gegensatze von sich, so ist es nicht im reinen Gegensatze von sich, denn jede von diesen Bestimmungen läßt sich doch wieder als seiend denken oder vielmehr läßt sich als ganz und gar nicht seiend auch nicht denken. Insofern konnte Hegel sagen: das absolute Sein ist das absolute Nichtsein, wenn er unter dem absoluten Nichtsein, z.B. die Freiheit, die auch nicht das Sein ist, verstand. Allein der Ausdruck ist eben darum nur ausschließend und bestimmt nicht einen positiven Gegensatz. Er konnte auch das absolute Denken meinen. Dem absoluten Sein kann objektiv und an sich absolut nichts entgegengesetzt sein, weil es gar keinen Gegensatz zulassen kann an sich, sonst wäre es nicht mehr das Absolute. Das Nichts, was in diesem Sinne dem Sein gegenübersteht, ist aber nicht das Nichtsein, [970] sonst könnte es auch das Denken sein, sondern es ist eben das gänzlich Eigenschaftslose, was weder dem Denken, noch dem Sein, noch irgendeiner Bestimmung angehört. Nur infolge der Denkbewegung, die ihre positive Grenze bis zum absoluten Sein ausdehnt, um dieses als absolute Voraussetzung ihrer selbst zu betrachten und ihre negative Grenze bis zum Nichts als der Voraussetzung des Negativen im Denken, ohne in beide eindringen zu können, ist dieser Gegensatz als formaler oder begrenzender aussprechbar. Insofern kann man sagen: dem Sein ist nicht das Nichtsein, sondern das Nichts entgegengesetzt. Hier ist der Ausdruck Sein im Gegensatz ausgeschlossen.

Derselbe Fall ist auch beim Ich, nur daß es keinen ähnlichen negativen Fall gibt. Wenn ich nun das Ich negiere, so negiere ich auch das Ich als ein absolutes, – denn absolut läßt sich gar nichts negieren, und alles Negieren desselben ist faktisch und logisch ein Negieren seiner selbst. – Ich kann das Ich nur subjektiv negieren, d.h. ein Nichtich ihm gegenüberstellen, inwiefern ich es als ein objektives, als ein mit dem Prädikate des Denkens und seiner Kopula zugleich gesetztes und mit den Prädikaten zugleich als einheitliches und als unterschiedliches weiß.

Wenn zum Ich die Negation hinzutritt, so negiere ich die Individualität oder die Allgemeinheit desselben. Mit dem Nicht-Ich bezeichne ich somit ein *Ich-Nicht* oder ein Nicht-Ich, d.h., ich negiere meine *Individualität*, meine *Ichheit*, ich poniere damit, indem ich negiere, außer mir einen doppelten Gegensatz, und bezeichne mit dem Ich, das sich als ein denkend seiendes erkennt, die Ausscheidung des Ich von dieser *Prädikabilität* oder die Ausscheidung der *Prädikate* vom Ich; ich denke mir das, was zum Ich hinzukommt, ohne das Ich als negierte Ichheit, und hebe das Ich im Allgemeinen auf, oder ich denke mir das Ich, hebe aber die *Prädikabilität* in ihrer relativen Beziehung auf und denke mir ein Ich, aber nicht ein Ich, das erst zum Bewußtsein seiner selbst mittels des Denkens gelangen muß. In diesem Falle lasse ich die Individualität weg und behalte das Ich in Gedanken. Unter dem *Nicht-Ich* verstehe ich also das, was überhaupt ist, aber *kein Ich* ist; oder das, was *nicht mein Ich*, und überhaupt, weil dieser Gedanke von jedem individuellen Ich poniert werden muß, nicht ein »mein Ich«, d.h. ein individuelles Ich ist, aber doch ein Ich.

Betrachtet man diese Unterscheidung auch noch von einer anderen Seite, so ist die erste Tatsache des Bewußtseins eine Gewißheit des Ichs, als eines durch Denken zum Bewußtsein kommenden Mittelpunktes von Denken und Sein. Dieses Ich erkennt sich somit als in Beziehung auf das Denken zu denken anfangendes, und weil es seines Seins nur durch das Denken gewiß ist, als ein zu sein anfangendes. Indem es nun den Gegensatz von sich in der Unterscheidung zuläßt, wird damit das *Nicht-Ich* als ein *Nichtanfangendes* und das *Anfangende* als ein *Nicht-Ichliches* von ihm unterschieden. In dieser Unterscheidung hat das Nicht-[971]Ich offenbar wieder denselben zweifachen und sehr verschiedenen Sinn, und eine einfache Entgegensetzung gibt nicht bloß einen unbestimmten Ausdruck, sondern selbst einen irrtümlichen, weil das nicht anfangende Ich und das nichtichliche Anfangende, folglich Gott und die Welt miteinander identifiziert werden. So ergibt sich in jeder dieser Ausscheidungen genau dasselbe Resultat, wodurch die Unrichtigkeit des falschen Dualismus und des daraus hervorgehenden Pantheismus einleuchten wird und zugleich das Mittel angegeben ist, diesen falschen Gegensatz in seine wirklichen und positiven Glieder zu zerlegen.

In dieser Auseinandersetzung, in welcher wir die ersten Folgerungen, die im ersten Akte des Bewußtseins in Beziehung auf das Ich und dessen Vergleichung mit seinem Gegensatz verborgen sind, gezogen haben, werden wir eines *zweifachen Ichs* gewiß; desjenigen Ichs, das im ersten Akte des Bewußtseins seiner selbst als eines tätigen denkenden Ichs sich bewußt wird, und desjenigen, ohne welches das zum Bewußtsein seiner Ichheit erst kommende Ich selbst wieder nicht dazu kommen könnte, weil das Ich, wenn es als in diesem Akte positives, ohne ein vor diesem Akt des Seins dasselbe ponierende Ich zu diesem Akt gar nicht kommen könnte. Da es nämlich das ponierende ist, aber ponierend nicht sich selbst poniert, sondern nur das Bewußtsein von sich und nur das Prädikat poniert, aber nicht die Kopula, wodurch es das Prädikat ponierend sein kann, es selbst aber doch wieder als ein zu sein anfangendes sich erkennt: so muß es ein Ich, das nicht zu sein anfängt, und wodurch der Anfang überhaupt als ein möglicher denkbar wird, voraus denken, und hat dieses Ich in der Unterschiedlichkeit der Prädikate vom Ich auch bereits ebenso gut voraus gedacht, als es das ichlose Sein als Kopula seines Ichs mit dem Denken sich vorausgedacht.

Es hat das Ich, das denkend zum Bewußtsein kommt, sich selbst als Ich, aber nur von der einen Seite als reines Ich gedacht, inwiefern es vom Denken und der verbindenden Kopula des Seins verschieden ist, aber nicht inwiefern es mit den beiden auch wieder als anfangendes verbunden ist. Das Ich ist nur in gewisser Beziehung das *Ponierende*, in gewisser Beziehung aber auch wieder ein *Poniertes*, inwiefern es weder das Sein noch das Ich aus sich genommen, sondern schon besessen hat, wie es zum ersten Akte des

Ponierens gekommen ist. Soll nun das zu bestimmen anfangende, also überhaupt als Ich anfangende, folglich relative Ich den Anfang seiner selbst als möglich denken, so kann es dies nur, wenn ein an sich *ponieren Könnendes* vorausgedacht wird, von diesem Nicht-Ich, das überhaupt kein »mein Ich«, sondern »das Ich« ist, verschieden, also an sich ponierend, so daß es nicht wieder eine Position voraussetzt, also auch nicht ein sein Sein Ponierendes. Dieses an sich ponieren könnende Ich kann demnach kein Ich in Beziehung zu gewissen Prädikaten, kein Ich sein, das zum Teil auch wieder nicht Ich ist, sondern muß ein *absolutes Ich* seyn, das seine Ichheit und sein Sein nicht auch [972] wieder erhalten hat, sonst ist es eben nicht das dem Ich als individuellem Ich entgegengesetzte reine Ich. Dieses ist, insofern es nicht ist, auch kein Ich.

In diesem absoluten Ich ist somit ein *Gegensatz zwischen Seyn und Ich nicht denkbar.* Das absolute Ich in diesem Sinne ist eben auch das *absolute Seyn*, und das Seyn ist *kein Prädikat* von ihm, das auch getrennt von demselben gedacht werden könnte, sondern es ist selbst das Sein im absoluten Sinne; und das absolute Sein ist ein persönliches, und zwar an sich absolut persönliches Wesen. Diese höchste Voraussetzung alles prädikablen Seins und aller individuellen Ichheit, die Voraussetzung eines absolut seienden und absolut freien Wesens ist somit mit dem ersten Akte des relativen Bewußtseins schon gesetzt und kann daher, weil jener Akt nicht geleugnet werden kann, auch nicht geleugnet werden.

Von diesem Ich ist die Prädikabilität des Denkens jener erste Gegensatz vom Ich im einfachen Bewußtsein *ausgeschlossen*, denn mit diesem Prädikat ist der Anfang gegeben und der Gegensatz, beide aber müssen eben in der einfachen Negation des anfangenden, und zwar mit dem Gegensatze anfangenden Ichs wegfallen. Das *Sein* aber, das als Kopula zu dem *Denken* und zu dem Ich gehört, ist nicht ausgeschlossen, eben darum, weil es in der ersten Tat des Bewußtseins mit beiden zugleich gesetzt werden und ebenso zum Denken wie zum Ich bezogen werden muß. Es fällt daher in diesem Ich *nicht das Sein* weg, aber jene Beziehung, die in diesem Akte durch das Prädikat hergestellt ist. Das Sein ist mit diesem Ich kein Kopulatives und folglich kein Relatives, das zwischen der anfangenden Tat und zwischen dem Ich, das die Tat poniert, in der Mitte steht. Das Sein ist also nicht so bei diesem Ich, daß es zugleich nicht bei *ihm* ist. Es ist nicht bloß überhaupt bei ihm, sondern ist eins mit ihm, eben weil der Gegensatz, durch den es bei dem relativen Ich zugleich ist und nicht bei ihm ist, weggedacht werden muß. Der erste Gedanke denkt wirklich das Sein mit dem Ich verbunden, aber er denkt es zugleich nicht mit ihm, sondern zugleich mit dem Denken verbunden. Sobald also die *Unterscheidung* eintritt, wird dieses *Verhältnis wegfallen*, und das *Seyn* mit dem ersten *Ich als absolut* verbunden, also als *eins mit ihm* gedacht. Das *absolute Ich* kann gar nicht anders gedacht werden als *seiend*, während das *relative*, das zu Denken anfangende Ich auch als *nicht* seiend gedacht werden kann.

Dieses Ich als Voraussetzung alles Denkens ist zugleich die *Voraussetzung* alles Seins. Da das Sein beim Ich untrennbar ist, das Ich aber selbst als denkend ist und somit doch ist, nicht aber aus sich ist, das Sein hat, und es sich doch nicht selbst gegeben hat, und das Sein mit dem Denken notwendig zugleich ist, so muß das Ich, das als Voraussetzung des relativen Seins gedacht werden muß, notwendig auch sein. In diesem Sinne muß man sagen, daß dasjenige, was gedacht [973] wird, auch ist, inwiefern es nämlich gedacht werden muß. Inwiefern etwas gedacht werden muß, ist dieses nicht Nichtzudenkende nicht von dem *Denken*, sondern das *Denken ist von ihm abhängig*. Das also Gedachte ist somit das eigentliche Ponierende. Nun ist das Ponierte durch dasselbe, inwiefern es ist; somit muß das Ponierte selbst notwendig sein, nicht weil es gedacht wird, von dem Denkenden, sondern weil das Denkende selbst ein Seiendes, ein Denkenseiendes ist und ohne das Sein gar nicht denken könnte.

Hier ist der notwendige Zusammenhang zwischen Denken und Sein. Das *denkende Subjekt* erscheint zugleich als *Objekt* seines Denkens und hängt mit den beiden *anderen Objekten* nicht subjektiv, sondern *objektiv* zusammen, indem es in ganz gleicher Weise von dem Denken ebenso wohl aus- als eingeschlossen wird. Der Zusammenhang zwischen dem Ich als Objekt und dem Ich als Subjekt des Denkens ist ein notwendiger; der Zusammenhang des Ichs als Objekt mit den beiden objektiven Gegensätzen ist gleichfalls ein notwendiger und positiv, inwiefern das Ich selbst ein seiendes sein muß, um ein denkendes sein zu können. Also ist der Zusammenhang beider mit dem denkenden Subjekte gleichfalls ein notwendiger.

Jener *ontologische* Beweis des Anselm hat somit seinen wirklichen positiven Grund, sobald er in diesem Sinne der notwendigen Verbindung des Seins mit den Denken begriffen wird.

Weil die Unterscheidung des Denkens vom Sein und des denkenden Ich von beiden nicht bestimmt genug ausgesprochen war, so konnte auch die rechte Einheit nicht gefunden werden. Somit hätten wir mit der Entwicklung selbst gleich eine Probe ihrer Anwendbarkeit und der ausgleichenden ergänzenden Macht derselben gemacht. Eine fortgesetzte dialektische Sonderung fordert aber, um dem Geiste die gehörige Spannkraft nicht zu entziehen, sondern ihm auf einem schon bekannten Boden Spielraum zur Ausübung seiner errungenen Macht zu gewähren, eine zeitweise Hinweisung auf solche bekannten Tatsachen. Nehmen wir daher, nachdem wir uns von der Richtigkeit des eingeschlagenen Weges, sobald man ihm genau folgt und die Untersuchung bis zum letzten Punkte fortführt, überzeugt haben, zu diesem einen Beweise auch noch die sonst herkömmlichen, den auf dem *Kausal-* und den auf dem *Disjunktionsgesetze* ruhenden metaphysischen Beweis für das absolute Sein, so können wir uns weiter überzeugen, wie in denselben unbewußt das von uns angenommene Gesetz der philosophischen Methode gewaltet hat und wie diese Beweise keine Geltung haben, sobald sie davon abweichen und insoweit wirklich gelten, als sie damit übereinstimmen.

Der sogenannte *kosmologische Beweis*, der von der Notwendigkeit eines Grundes auf die Voraussetzung eines absoluten *Grundes, und der physikotheologische,* der von der Sichtbarkeit einer natürlichen [974] Ordnung oder im Grunde von der Notwendigkeit einer logischen Unterordnung auf die Notwendigkeit eines höchsten Ordners oder eines obersten Allgemeinen schließt, beide haben Recht und Unrecht. Recht, inwiefern von aller Unterordnung doch ein einheitlicher höchster Grund und von aller Notwendigkeit gleichfalls gedacht werden kann, aber Unrecht, indem sie annehmen, daß er gedacht werden muß. Er muß nur gedacht werden, inwiefern unterschieden wird. Jeder Grund führt wieder auf einen anderen, inwiefern er bloß Grund ist. Ich kann also nicht sagen: dieses Verhältnis führt auf einen absoluten Grund, denn gerade der absolute Grund ist auch die Aufhebung des Verhältnisses von Grund und Folge, wie er die Position ist. Es führt auf einen oder auf keinen. Das Absolute und das Nichts sind hier die Endpunkte. Beides kann mit gleichem Rechte vorausgesetzt werden, und *Schelling* hat wohl sehr tief gefühlt, wenn er auf seinem Standpunkte behauptet, das Nichts sei das Kreuz des menschlichen Verstandes. Das Gleiche gilt von der anderen Voraussetzung. Das Absolute ist nicht das Allgemeinste, sondern auch wieder das höchst Einfache und in sich Einheitliche, unter das die Dinge in ihrer Verschiedenheit nicht eingeschlossen, sondern von dem sie alle ausgeschlossen sind. Diesen Unterschied machte die neuere Philosophie nicht, daß alles nur wirklich erkannt ist, inwiefern es als das Einheitliche mit dem denkenden Ich und als das Verschiedene zugleich erkannt ist. Diese entschiedenste Wahrheit muß daher der stets gleiche Anhaltspunkt aller unserer künftigen Untersuchungen bleiben.

[1021]

XII. Das Verhältnis der drei voneinander verschiedenen Objekte des subjektiv denkenden Ichs in ihrer Objektivität.

Die erste vergleichende Unterscheidung des Ich im Verhältnis zu seinem ersten denknotwendigen Prädikat und der verbindenden Kopula hat zur Ausscheidung eines dreifachen Objektes geführt, das in diesem ersten Gedankenakt von dem denkenden und denkend seiner selbst bewußt werdenden Subjekte erkannt wird; Objekt, weil vom denkenden Subjekt und dem Akte des Denkens unterschieden. Ein *anfangendes Ich*, im Verhältnis zu einem *nicht anfangenden Ich* und zu einem *Anfangenden*, das *kein* Ich ist, hat die *Dreizahl* der ersten Unterscheidung dem bloß im Akt des Denkens positiven Ich nicht als Prädikat, sondern als Objekt gegenübergestellt. Dieses zweifache Nicht-Ich setzt im Vergleich mit dem zwischen beiden liegenden Ich, das nicht mehr das subjektive Ich, sondern jenes Ich ist, das durch die Vergleichung mit den beiden nicht subjektiven Gegensätzen von sich erkannt wird, also Objekt, Gegenstand des Denkens von sich selbst, Ich ist, nicht inwiefern es denkend, sondern inwiefern es gedacht ist, dieses Ich selbst wieder als Objekt von dem ersten subjektiv ponierenden Ich.

Von diesen drei Objekten haben wir nun das eine als absolutes Ich in seiner höchsten Einheit mit dem Sein und in der Nichtzulassung irgendeiner Relation und Negation bereits näher bestimmt, in seiner subjektiven Hinsicht als das absolut nicht nicht zu denkende und in seiner Ob[1022]jektivität als das absolut Ponierende, Freie und Unbeschränkte, als das Seiende, das zugleich persönlich als der Seiende und nicht das bloße Sein im unbestimmten Sinne ist.

Es bleiben somit noch zwei andere Objekte der weiteren vergleichenden Analyse zur Untersuchung übrig. Das zweite Nicht-Ich und das zwischen beiden liegende Ich, welches ein doppeltes Ich und Nicht-Ich ist, indem es mit Prädikat und Kopula verbunden, und zwar notwendig schon im ersten Akte seines Bewußtseins verbunden und zugleich auch davon wieder geschieden, ein reines Ich und auch wieder kein bloßes Ich ist. Das zweite Nicht-Ich ist somit das einfachere Untersuchungsobjekt. Vergleichen wir nun auch dieses Nicht-Ich zum Ich, so finden wir, daß dieses Nicht-Ich, in dem das Ich als aufgehoben gedacht werden muß, zum mittleren Ich in einem *gleichen* und auch wieder in einem *entgegengesetzten Verhältnis* steht, wie das absolute Ich, und daß es gerade hier seinen objektiven und subjektiven Grund offenbart, indem es mit dem subjektiven Ich und mit dem objektiven Ich in gleicher Weise notwendig zusammenhängt.

Das gleiche Verhältnis mit dem ersten Nicht-Ich, in welchem die Subjektivität und Relativität des denkenden Ichs negiert ist, liegt in der *subjektiven Notwendigkeit des Gedachtwerdenmüssens*, das *Ungleiche* in der *objektiven Verschiedenheit des negativen Inhaltes*. Auch dieses Nicht-Ich muß von dem subjektiven Ich gedacht werden, inwiefern es die entgegengesetzte Voraussetzung der Denkbarkeit der Objektivität ist. Aus dem Verhältnis dieses Nicht-Ich zum Denken geht auch das Verhältnis desselben zum Sein hervor. Da das absolute Ich über der Relation des Denkens steht und dieses von sich ausschließt, so würde es auch das Sein von dieser Denkbarkeit ausschließen und damit auch die Kopula dem ersten Akte des Bewußtseins entziehen. Der erste Akt des Bewußtseins wäre dann unmöglich, weil das Sein als absolutes dann auch nicht mehr als Voraussetzung gedacht, also gar nicht gedacht werden könnte, wenn es nicht auch als Nicht-Absolutes dem Denken gegenübertreten würde. Der gleiche Fall ist beim Ich. Nur indem es teilweise wirklich, ohne Voraussetzung als in das Denken eingehend gedacht wird, kann es als absolute Voraussetzung auch gedacht werden. Damit daher das Sein nicht bloß mit dem Ich, sondern auch mit dem Gegensatze vereint erscheinen kann, muß es dem Ich in der Negation von sich sich offenbaren, muß sich auch dem prädikablen oder *eigenschaftlichen Verhältnis* zuwenden, um in der Eigenschaftlichkeit dem *Denken zugänglich* zu werden. Weil das Sein ohne alle Negation nicht an sich gedacht werden könnte, so muß es als Nichtsein dem Denken als einem anderen Nichtsein offenbar werden, also in der Negation von sich, welche Negation aber nicht eine vollständige Aufhebung des Seins ist, sondern nur eine teilweise Aufgebung desselben. Dieses *Nicht-Ich*, in dem das Ich, das Bedingende, Ponierende ausgeschlossen erscheint, ist darum nicht ein [1023] ganz und gar nicht seiendes, sondern ein im *Verhältnis zum denkenden Ich seiendes*, dessen

Sein nur durch und in der Negation denkbar ist, dem also das Sein auch wieder nicht an und aus sich gebührt, sondern vielmehr die reine *Negation*, die nichts negiert, sondern die relative Negation, die etwas negiert. Dieses *Nicht-Ich*, welches zugleich ein *Nicht-Sein* ist, unterscheidet sich von dem Sein als bloß bedingtes, anfängliches Sein, als Sein der Negation, als Dasein oder *Existenz*, als id, quod extra entem stat. Eine Verwechslung des Seins mit dem Dasein ist daher von den allerverwirrendsten Folgen.

In dieser Eigenschaft ist es eigentlich durch die Negation bestimmt, so daß das subjektiv denkende Ich des Begriffes von Sein durch die teilweise Negation habhaft werden kann. In dieser Negation sind sich *das Dasein und das Denken koordiniert*, indem beide als Nichtsein, aber als entgegengesetzte Seiten des Nicht-Seins sich einander ausschließen, und eben darum der höheren Einheit sich aufschließen.

Ist ihm aber die Negation eigentümlich, so wird es in seiner letzten, auch nicht mehr denkbaren, weil nicht mehr koordinierten Steigerung des Negativen in dem reinen Nichts seine Grenze und seine letzte Voraussetzung haben, so wie alles positive Sein seine erste Voraussetzung im Absoluten hat. *Alles Daseins negativer Grund ist das Nichts.* Nun liegt aber in dem Nichts gar *kein Grund* zum existieren, als höchstens das des extra entem, des Außen-Seins und Nicht-Seins. Aus nichts wird nichts. Aber auch nicht aus dem Absoluten. Das Werden ist von beiden an sich ausgeschlossen.

Wenn nun aber im Dasein, inwiefern es eine Negation des Seins ist, nicht der Grund des Seins desselben, ohne den es doch nicht als Dasein zu denken ist, liegen kann; wenn er ferner nicht in dem anderen Ich, das sein Sein selbst zu erkennen anfängt, also es nicht gesetzt hat, sondern empfangen, und daher dieses selbst Empfangene nicht wieder an ein anderes abtreten kann, und insbesondere nicht an das, was mit dem ersten Akt dieses Bewußtseins schon als ein zugleich Poniertes sich offenbart, liegen kann, so muß der Grund des Positiven im Dasein im absoluten Sein gesucht werden. Soll nun das Nichts zum Dasein erhoben werden, so kann es sich selbst nicht dazu erheben, sondern muß erhoben werden. Das *Dasein* muß von einem anderen, von *Gott* gesetzt, und zwar aus *nichts* hervorgerufen, *geschaffen* sein.

Das Dasein kann aber, weil aus dem Nichts hervorgehend, nicht als ein aus *Gott mit Notwendigkeit Hervorgehendes* betrachtet werden. *Alle Notwendigkeit ist Negation des Absoluten*, ist eine *Not*, die gewendet werden kann oder muß. Würde das Dasein, dessen Wesen die Negation ist, aus Gott wesentlich hervorgehen oder notwendig, so wäre es ihm wesentlich identisch, und das Absolute wäre nicht mehr das Positive, sondern das Negative, und jedes Hervorgehen [1024] wäre unmöglich, weil in dem bloß Negativen in seiner ersten Ausgeschlossenheit und Voraussetzlichkeit gar kein Grund irgend eines Positiven liegen kann. *Alle Emanation ist pantheistisch* und dem Wesen Gottes sowie der Möglichkeit seiner eigenen Position widersprechend, weil es den höchsten Grund in dem äußersten Ungrund haben müßte.

Dieser Grund kann daher kein notwendiger sein, weil in dem Absoluten keine Nötigung sein kann, indem es das Sein selbst und die Freiheit dieses Seins im absoluten Sinne ist, und von woanders her dem absoluten Sein keine Nötigung angetan werden kann, eine Nötigung, ein anderes aus sich hervorgehen zu lassen, ebenso ein anderes außerhalb als ein nötigendes Verhältnis dieses anderen hervorgerufen würde, so kann dieser *Grund des Entstehens vom Dasein*, wie er nur im *absoluten Sein* angenommen werden kann, nur ein *freier* sein. *Gott ruft das Dasein hervor, weil er will*, und nicht, weil er muß. Dieses Hervorrufen kann aber nur ein Hervorbringen des Daseins aus dem Nichts sein, weil außer dem absoluten Sein absolut nichts mehr an sich und ohne den Willen des Absoluten sein kann. Dieses Hervorrufen aus dem Nichts zu einem anderen von nichts, und doch wieder von einem nicht ganz anderen, sondern zu jenem Sein, das teilweise auch ein Nicht-Sein ist, und dessen Anfang daher nur aus einem freien Willensakt hervorgehend gedacht werden kann, bezeichnen wir mit dem Worte: *Schaffen.*

Weil dieser Grund kein notwendiger ist, so muß er ein freier, ein von Gott gewollter sein. Wenn nun Gott irgend will, so kann er nur das Vollkommene wollen. Das Vollkommene aber ist er selbst, und alles außer ihm muß notwendig in irgendeiner Beziehung mangelhaft sein. Also kann Gott überall nur sich selber wollen. Es ist also nicht abzusehen, wie in seinem Willen auch nur die Möglichkeit einer Schöpfung gegeben sein könnte. Dennoch verbirgt eine solche Möglichkeit dem Geiste sich nicht ganz. Die göttliche Willensfreiheit, die eine absolute ist, kann nicht nur *unmittelbar* in der eigenen Wesenheit und Produktivität seiner eigenen Persönlichkeit sich selber zeugen und wollen, sondern sie kann auch *mittelbar* sich selbst wollen, indem sie andere Wesen hervorruft, die Gott, also das Vollkommene, wollen können. Damit ist dem ersten Wesentlichsten in Gott, nämlich nur das Vollkommene zu wollen, kein Eintrag geschehen. Es ist also nicht abzusehen, wie von Seiten des Willens dieser Möglichkeit widersprochen werden könnte. Von einer Notwendigkeit ist aber nicht die Rede. Man kann nicht erklären, daß Gott solche Wesen hervorrufen mußte, eben weil Gott nicht muß, ist es klar, daß er konnte.

[1041] Wenn uns aber klar ist, daß er ohne Verletzung seiner ewigen Liebe das konnte, so haben wir weiter keine Untersuchung mehr übrig, die in dem Wesen Gottes die Wirklichkeit einer solchen Gottestat erforschen wollte, sondern wir haben diese Wirklichkeit eben in dem ersten Akte unseres Bewußtseins als eine bereits gegebene vor uns.

Zu dieser *ersten Möglichkeit* tritt aber für uns noch eine *zweite*, indem uns daraus das Wesen der *Liebe* als des *einzigen Gesetzes der Freiheit* klar wird, und so weit wir uns frei wissen, auch liebend wissen, und so weit liebend, so weit ein anderes wollend, was wir nicht selbst sind. Diese erste Erkenntnis führt eine doppelte Bestimmung in sich. Jener, für blinde Gemüter so auffallende scheinbare Egoismus der göttlichen Liebe, die nur immer sich selbst will und die dem Gesetze der Liebe, nicht sich selbst zu lieben, geradezu zu widersprechen scheint, hebt sich in dieser Erklärung selbst wieder auf und gibt in sich die schönste Bedeutung der Liebe eines anderen kund. Indem Gott Wesen schaffen wollte, die ihn lieben können, hat er damit nicht bloß sich, sondern auch diese Wesen schaffend geliebt, weil er, sie frei schaffend, ihnen das Gesetz der Freiheit und Liebe und in dieser Liebe den Mitgenuß des seligen göttlichen Lebens der Möglichkeit nach gewährte. Man kann also auch sagen: Gott schuf diese We[1042]sen aus Liebe zu ihnen, im mittelbaren Sinn, da er sie als noch nicht existierend nicht lieben konnte und aus Liebe zu dieser ihrer möglichen Liebe ihnen die Liebe selbst möglich machte und statt egoistisch zu sein, vielmehr wollte, daß auch andere Wesen an seiner Seligkeit teilnehmen sollten. In *Gott* ist somit diese *Selbstliebe* zugleich höchste *Schöpfungsliebe*, und beides ist in dem einen Momente gesetzt.

Wollte nun Gott doppelt liebend solche Wesen erschaffen, die ihn lieben konnten, so konnte er diese Wesen allerdings nur als *freie Wesen* erschaffen; diese *Freiheit* konnte aber doch wieder nur eine *gegebene, bedingte* und *anerschaffene* Freiheit sein. Das geschaffene, freie Wesen mußte sich von der Seite seines Seins aber auch wieder *unfrei*, als ein anderes von Gott wissen, um diesen Gott lieben zu können. Die geschaffene Freiheit mußte ferner, um von der göttlichen Freiheit sich zu unterscheiden und doch Freiheit zu sein, auch einen *gegebenen Grund des Seins* haben, sonst hätte sie gar nicht Freiheit sein können. Wollte daher Gott diese freien Wesen, so konnte er sie wieder nur wollen, indem er ihnen eine *unfreie Basis* zuteilte, die *Freiheit* mit dem *Dasein* begabte und der *freien Wesen willen* die Welt *erschuf*.

Die Welt hat somit nur einen *relativen Zweck*, nur den der Begründung der relativen Freiheit. Die Welt ist *nicht um ihrer selbst willen*; sie ist zum Dienste berufen von Wesen, die nicht bloß daseiend sind. Sie ist daher auch nur, inwiefern sie von dem freien Geist zum Mittel der Freiheit gebraucht werden kann und wirklich gebraucht wird. Das eigentliche Sein wird der Welt erst durch den sie durchdringenden Geist. Sie existiert in einem höheren Grade im Menschen als außer dem Menschen. Die Dinge der Welt haben daher ihr wahres Sein, inwiefern sie in dem Ich sich spiegeln, und mittels des Ichs und der Liebe desselben zu Gott, zu dem göttlichen Sein zurückgezogen werden.

Dieses Dasein gibt dem Denken und Können des Menschen seine bestimmte Haltung, sowie der Freiheit, dem Wollen desselben die Wirklichkeit. Des Menschen Freiheit ist eine wirkende und bedarf des Werkes, um wirklich zu sein. Im Denken wird daher die Äußerlichkeit des Daseins aufgehoben und innerlich gesetzt. Der Baum, den ich als Vorstellung in mich aufnehme, um ihn in einen Begriff zu verwandeln, bleibt als solcher im Geiste und ist nur seiner Individualität und seiner Vergänglichkeit entrissen; denn an sich geht er als Individuum im Strom des Lebens unter, aber als Begriff bleibt er im subjektiven Geiste. Desgleichen erneuert der Mensch im *Kunstwerk* die Welt des Daseins, indem er sie zum Bilde des geistigen Lebens macht. Diese bildende Kraft des Menschen ist aber gebunden an die Äußerlichkeit der Existenz. Wenn es nichts an sich Bedingtes gäbe, würde das relative, bilden wollende Ich durchaus keinen Stoff vor sich haben, um daran die ihm innewohnende bedingende Kraft zu üben. Diese bedingende Kraft ist aber keineswegs eine rein willkürliche, und noch [1043] weniger eine absolute. Sich bedingend erkennend muß das Geschöpf sich auch bedingt erkennen, sonst erkennt es sich als Geschöpf, und wenn nicht als Geschöpf, so auch nicht als bedingendes, als freies Geschöpf.

Erst in dieser doppelten Beziehung erkennt sich das Subjekt in seinem objektiven Wesen, welche objektive Wesenheit nach zwei Seiten hin, also positiv bestimmt und seiner selbst in sich, weil seines Verhältnisses nach außen, vollkommen bewußt. Dieser zweite Gegensatz wird daher von Seiten der Negativität als reine Grenze erkannt werden müssen, in dieser Grenze aber zuletzt nur noch als Grenze, als Möglichkeit erscheinen, die erst wirklich, real wird, sobald ein zu Begrenzendes hinzukommt. Die letzte Grenze ist daher unfaßbar und verliert sich im Grenzenlosen, aber nicht im positiv, sondern im negativ Grenzenlosen. Fassen wir z.B. die beiden Richtungen der Erscheinungswelt, den *Raum* und die *Zeit*, als die äußersten Grenzen, so erscheint sogleich ihre doppelte Nichtigkeit. Die Zeit faßbar als die Grenze der Bewegung wird sogleich verschwinden, sobald wir ihren Inhalt oder ihren Umfang bestimmen wollen. Es gibt im positiven Sinne gar keine Zeit. Die einzige wirkliche Zeit ist die Gegenwart; diese ist aber doch wieder nur der Scheidepunkt zwischen Vergangenheit und Zukunft. Beide sind die kommende und vergangene Gegenwart, die selbst nicht ist. Anfang und Ende der Zeit sind also gleichfalls nicht mehr faßbar, weil sie nur beanfangend und beendend, selbst aber weder das eine noch das andere ist. Ebenso der Raum, als geometrischer Punkt wie als umfangende Grenze; er hat keine Grenze, eben weil er selbst letzte Grenze ist. Alle diese Bestimmungen können daher nur in dem mittleren Verhältnis des relativen Ich ihre Position und Erklärung haben.

[1043]

XIII. Schöpfungstheorie und Begründung der menschlichen Freiheit aus derselben.

Wir haben nun die Schöpfungstheorie auf rein *christliche Prinzipien* zurückgeführt und in *genauer Übereinstimmung* mit dem gefunden, was uns die *mosaische Urkunde* darüber berichtet. Auch dieses *Resultat* ist nun von unserer Seite ein *gewolltes*, aber deswegen *kein unphilosophisches*. Was soll die Philosophie anders, als das Gegebene erklären oder die Unmöglichkeit eines historischen Faktums der Erkenntnis nachweisen. Kann das erste, die Harmonie des objektiv Gegebenen mit der Subjektivität zur Erkenntnis gebracht werden, so ist die Wissenschaft befriedigt ihrer Aufgabe wie ihrer Tendenz nach. Die Lösung war aber eine rein philosophische, und *nur* das *Resultat* ist das *gleiche*, nicht der *Ausgangspunkt*. *So wird das Vorurteil, daß Philosophie und Christentum nicht harmonieren könnten*, faktisch zerstört.

[1044] Von Seiten der *Philosophie* kann gegen das gewonnene Resultat durchaus kein Einwurf erhoben werden, der sich halten kann. Der einzig mögliche ist die Theorie vom Nichts, wie die neuere und ältere Philosophie sie ausgesprochen. Die doppelte absolute Negation *Hegels* haben wir früher schon widerlegt. Der alte Satz: *Aus nichts wird nichts*, streitet aber gar nicht gegen unsere Theorie. Denn diese stützt ihren Beweis, daß ein Schöpfer der Welt vorausgedacht werden muß, auf die Erkenntnis dieser nämlichen Wahrheit, daß im Nichts als solchen kein Grund liegen kann, etwas zu werden. In einem anderen Sinne kann man ebensogut sagen: *Aus nichts wird alles* - Inwiefern es ein Werdendes ist, denn das Werdende ist als Werdendes ein Nicht-Seiendes; der negative Grund, warum es nicht seiend ist, liegt aber außer dem Sein; außer dem Sein ist nichts; also liegt der negative Grund des Werdens im Nichts, d.h. alles Werdende muß aus dem Nichts werden, inwiefern es überhaupt ein Werdendes und nicht ein Seiendes ist.

Neben unsere Schöpfungstheorie können philosophischerweise nur noch *zwei Hypothesen treten*, die beide entweder auf ein Schaffen aus nichts oder auf eine undenkbare Unmöglichkeit hinauslaufen. *Ist die Welt nicht aus nichts geschaffen*, so geht sie entweder notwendig aus dem Wesen Gottes hervor oder sie ist mit Gott aus einem gleich ewigen Grunde hervorgegangen. Das eine ist *Emanation*, das andere *Dualismus*.

Der *Dualismus* ist als *absoluter unmöglich*, weil zwei gleich absolute Prinzipien als absolut voneinander unabhängig sein und als zwei sich gegenseitig beschränken und bedingen müßten. Setzt man aber das eine in den Fall des Unterliegens, so ist es von Ewigkeit unterliegend, an sich das Duldende, absolut kraftlos dem Bildenden gegenüber, ist als selbständig Seiendes *absolut nicht*.

Geht man von der *Emanation* aus, so wird das *Nichtsein* in das *Absolute* eingetragen und als mit ihm gleich als selbst absolut gedacht und als Negation aufgehoben, dann entsteht der einfache Dualismus. Wird aber das Absolute als erstes, Urprinzip vorausgedacht, so daß das andere zweite durch seine Macht entsteht, so muß dieses andere durch den freien Willen des Absoluten ohne eigenen Seinsgrund hervorgebracht, und zwar aus dem Nichts hervorgebracht, rein geschaffen sein, oder es wird mit innerer Notwendigkeit aus dem Wesen des einen Absoluten als ein anderes Nichtabsolutes hervorgehen. Dann muß aber in dem einen Absoluten der Grund gedacht werden, das eine zu sein und zugleich nicht das eine, sondern auch ein anderes zu sein. Das eine Sein könnte dann nur dadurch das eine Sein sein, daß es nicht das eine Sein ist, sondern das sich durch sich selbst Negierende. Es müßte eben darum nicht es selbst sein, weil es es selbst ist. Dies wäre ein so offenbarer Widerspruch, daß dieses eine Sein selbst unter dieser Bedingung als undenkbar erscheint. [1045] Ist aber das eine Sein, das nur ein eines ist, inwiefern ihm ein anderes gegenübersteht, undenkbar, so ist es eben auch das andere, sobald dieses eine, dem es gegenübersteht, nicht sein kann. Die Emanationslehre führt daher entweder zur Schöpfungstheorie oder zum Widerspruch in sich.

Es gibt somit keinen tieferen Ausdruck als den der ersten Urkunde: *Im Anfang schuf Gott.* Das Schaffen ist ein Hervorbringen aus nichts durch freien Akt, und damit der Anfang des Seins und der Erkenntnis. Ein weiteres Zurückgehen in Gott, wie hier die Möglichkeit entstanden sein kann, ist weder wissenschaftlich noch überhaupt relativ zu bestimmen. Unsere Erkenntnis kann darin nicht über den Anfang hinausgehen. Die *Badersche*

Theorie schob hier den Fall einer *vorausgehenden Zerstörung* ein; aber dadurch ist im ganzen nur die Frage weiter hinausgeschoben. Genug, daß jede andere Theorie schon eine Unmöglichkeit für den Anfang enthält, diese aber bloß die Unerkennbarkeit des freien Grundes, der stets dem notwendigen Wissen unerkennbar bleiben muß, voraussetzt, und das wirkliche Objekt, soweit es Objekt ist, erklärt. Jede weitere Frage ist als Frage schon unmöglich. Somit sind alle Fragen beantwortet.

Das dreifache, erste Objekt des subjektiven Gedankenaktes hat somit in der Vergleichung des Ich mit dem Nicht-Ich eine dreifache Stufenreihe des Ich und Nicht-Ich erkennen lassen, indem ein oberstes Ich, das als *absolut* erschienen, dem totalen *Nicht-Ich* oder Leblosen und *Unpersönlichen* gegenübergestellt werden mußte, während ein *mittleres Ich*, das zugleich als ein zum Teil seiendes, zum Teil nicht seiendes Ich erschien, das also gleichfalls teilweise ein Nicht-Ich ist, zwischen beiden sich erkennen ließ. Aus der weiteren Entwicklung gingen dann die letzten Bestimmungen, die das Sein in seinem Verhältnis zum Absoluten und zum notwendigen Nicht-Ich betrafen, hervor. Es bleibt daher nur das mittlere Ich, das zugleich seiend und nicht seiend, zugleich Ich und Nicht-Ich sein muß, näher zu bestimmen. Mit seiner Bestimmung wird dann der dritte Faktor des ersten Aktes, das *Denken*, das von den bereits ermittelten Objekten ausgeschlossen erschien, mit in die Bestimmung eintreten, so daß wir nun diese abstrakte dialektische Entwicklung ihrem Ende sich nahen und dem Übergang zur rein historischen Entwicklung des Denkens mittels der noch dazwischen tretenden theoretischen Feststellung der Prinzipien und Elemente des Denkens vor uns sehen.

Aus dem möglichen Verhältnis des Absoluten zur Welt geht mit Notwendigkeit hervor, daß die Welt nur in Beziehung zu *freien* Wesen geschaffen sein kann, weil Gott nicht ohne Zweck und aus bloßer Notwendigkeit Schöpfer sein konnte und daher Wesen schaffen mußte, die an seinem einzig ihm möglichen Zweck, das Vollkommene wollen und selbst sein zu können, partizipieren können als ein Mittleres im Verhältnis zu beiden, das Sein und Nicht-Sein, das Nicht- und Nicht-Ich in sich aufnehmen. [1046] Ein absolut mit Zweck Ponierendes steht einem rein bedingten für sich Zwecklosen gegenüber; dieses Zwecklose ist aber nur denkbar mittels eines mittelbaren Zweckes. Daß wir aber sagen, aus jener Möglichkeit gehe mit Notwendigkeit hervor [, daß die Welt nur in Beziehung zu freien Wesen geschaffen sein kann], das ist jenes bereits historisch nachgewiesene Gesetz, daß das objektiv Mögliche, wenn es dem Subjektiven als Voraussetzung dient, von diesem als ein für es Notwendiges anerkannt werden muß.

Aus diesem Verhältnis geht der Erweis der Freiheit des Menschen mit Notwendigkeit hervor. Die Schöpfung der Welt ist nicht denkbar ohne die Freiheit der die Welt als Mittel gebrauchenden Menschheit; nun ist die Welt, und weil sie ist als Welt, ist sie geschaffen, *also ist der Mensch frei.* Dasselbe Resultat geht auch hervor aus dem möglichen Verhältnis der Subjektivität zum ersten Akt des Bewußtseins. Dieser erste Akt ist in Beziehung auf das Negieren ein ponierender, ein widersprechen könnender, ein solcher, der das etwas Können aus sich betätigt und bestätigt; denn würde der Mensch nicht zweifeln aus sich, sondern durch seine Natur zum Zweifeln genötigt sein, so würde er nicht mehr zweifeln *können*, eben weil er muß. - Das Zweifeln wäre ein Annehmenmüssen ohne alle mögliche Wahl zwischen zwei Fällen, zwischen denen ich abwägen kann. Der zweite Fall fällt dann weg, oder überhaupt die Möglichkeit eines anderen Falles als der, zu dem ich gezwungen bin; sowohl die Setzung als die Aufhebung des Zweifels wäre dann unmöglich; und der Widerspruch wäre unmöglich, denn der Notwendigkeit kann ich nicht widersprechen. Der erste Akt des Denkens, der negativ unmöglich wäre, wäre dann auch positiv unmöglich. Nun ist aber dieser Akt positiv auch schon in dem, der da widerspricht; denn wer nicht denkt, der wird es wohl bleiben lassen, zu sprechen und zu widersprechen. Ein nicht denkendes Wesen kann sich widersetzen, aber es kann nicht widersprechen. Der Widersprechende hält mir nicht entgegen, was die Natur ihm eingibt, weil er in gleicher Natur sich findet, sondern was er *aus der Besonderheit seiner subjektiven Bewegung* gegen die *meinige* herausgenommen; nicht gegen meine *Natur*, sondern gegen meine individuelle, von mir abhängige Bewegung tritt er auf.

Dieselbe Folgerung geht gleichfalls aus dem Verhältnis des Ich zum Nicht-Ich hervor, von dem es, dem gänzlich bedingten und unfreien, verschieden, also nicht gänzlich bedingt, nicht ganz ohne Freiheit ist und eben so notwendig aus dem Verhältnis der subjektiven Denktätigkeit zum ersten objektiven Gedankeninhalt, der das Ich dem Sein und dem Denken gegenübersetzt und subjektive und objektive Notwendigkeit vom Ich als dem Nichtnotwendigen unterscheidet. Freilich hat sich das also geschiedene Ich wieder in ein dreifaches aufgeschlossen, in ein doppeltes Nicht-Ich, von denen das eine als das eigentlich wahre, nicht subjektive, nicht denkende, sondern rein Absolute sich hinstellte, und das andere als die volle Aufhebung aller Freiheit erschienen war, so daß das mittlere Ich, das erst ge[1047]wonnene, als ein bloß subjektives, also als ein unreines Ich erschienen war, dem das Ich erst angehört mittels des vorausgesetzten, ihm nicht absolut innewohnenden, sondern verliehenen Seins.

Dieses Ich, das bedingend im ersten Akt der Erkenntnis diesen selbstsetzend erschien, mußte sich zugleich auch wieder als bedingt erkennen, inwiefern es ohne ein verliehenes Sein auch kein Ich sein konnte. Der *Mensch* ist also wohl *frei, aber seine Freiheit ist keine absolute, sondern eine bedingte, er ist notwendig und frei zugleich.* Seine Natur ist keine in sich einfache, ist eine Natur und keine, eine Freiheit und keine, dem Dasein gegenüber, nicht ohne dasselbe denkbar, aber im Verhältnis zu demselben doch als mittelbar ponierend denkbar, eine Freiheit, die nicht sich selbst setzt, aber eine Freiheit, die sich selbst bestimmt, sich den Zweck nimmt, zu dem das Unfreie ihm dienen soll, und das Unfreie nimmt, um es als ein Freies zu gebrauchen, als ein solches, mit dem es nicht als bloße Folge zusammenhängt, von dem es nicht rein bestimmt wird, sondern auf das es bestimmend zurückwirkt. *Das Notwendige ist daher dem Menschen notwendig als Grund der Freiheit*; aber es bedient sich desselben als eines nicht notwendigen, als eines solchen, das er aus seinem eigenen gegebenen Zusammenhang herausnimmt, wenn nicht der Macht, doch der Absicht nach, und es als ein solches gebraucht, das nicht für sich, sondern für ihn da ist. Weil die Bedingtheit aber nicht geleugnet werden kann, die mit der Freiheit verbunden ist, so hat man es in der Unterschiedslosigkeit auch in Beziehung auf dieses Verhältnis gemacht, wie in Beziehung auf die Voraussetzung des Absoluten, wo man auch die subjektive Notwendigkeit, mit der es vorausgesetzt wird, mit dem objektiven Sein desselben verwechselte.

[1065]

XIV. Die Art der menschlichen Freiheit im Rückblick auf bereits in der Philosophie versuchten Bestimmungen über dieselbe.

Wir haben die Freiheit abgeleitet aus dem Gegensatz mit dem doppelten Nicht-Ich. Beides findet sich in der menschlichen Freiheit nicht im Gegensatz, sondern in der ausgleichenden Mitte, und gerade darin ist sie unterschieden von *Gott und Natur*, und eins mit Gott und Natur. Den Seins- und Bestimmungsgrund hat Gott in sich, die Natur außer sich; der Mensch den einen in, den anderen außer sich. Jenes Allgemeine der Gleichheit muß in doppelter Weise aufgehoben sein, leiblich bestimmt, geistig bestimmend. Der Mensch besteht somit wesentlich aus *drei Elementen, aus Leib, Seele und Geist*; im ersten ist die äußerlich notwendige Einheit der Individualität, im letzten die innere, sich selbst bestimmende Einheit, Persönlichkeit, in der Seele die allgemeine Grundlage beider gegeben. Dem ersten Akt begegnen wir auch hier. Der Mensch als daseiend: Ich bin daseiend - der Geist, der Leib, die Kopula, die weder eines noch das andere, sondern beides zugleich. Daraus geht die *Unsterblichkeit der Seele* hervor, als der allgemeinen und unausgeschiedenen Einheit von Leib und Geist, in der die Individualität der Leiblichkeit und die Persönlichkeit des Geistes sich relativ setzen und ihren Gegensatz aufheben.

Der Mensch ist von Natur aus frei, und seine Freiheit ist eine natür[1066]liche, d.h., weil der Mensch von Natur aus frei ist, so ist er es nicht aus sich selbst, sondern durch eine gegebene Natur. Das Sein und das Ich sind daher in ihm verschieden, während sie in Gott eins sind. Weil sie aber verschieden sind, sind sie darum noch nicht geschieden; vielmehr wenn sie einmal gesetzt, sind sie für immer miteinander gesetzt und unzertrennlich; aber nicht ununterschiedlich gesetzt. Daraus geht der Beweis für die Unsterblichkeit des Menschen hervor.

Ist die Freiheit einmal seiend, so muß sie immer sein. Nun ist die menschliche Freiheit zwar nicht mit dem absoluten Sein, sondern bloß mit einem natürlichen, nämlich mit dem Dasein gesetzt, sonst wäre sie keine gesetzte, keine zu sich kommende, sondern eine absolute. Allein auch in dieser Verbindung ist doch in der Freiheit ein bedingendes Moment, das, wenn auch nur sich selbst bestimmend, doch jedenfalls selbstbestimmend und in dieser Selbstbestimmung gänzlich unabhängig, und weil unabhängig, *von dieser Seite absolut und unzerstörbar* ist. Diese Unabhängigkeit ist, wenn sie einmal ist, nicht mehr aufzuheben. Wollte Gott einmal ein solches Wesen, so konnte er, einmal es geschaffen habend, es durchaus nicht mehr zerstören. Nun ist also der Wille, wenn er ist, auch für immer. Des Menschen Wille ist aber nur des Menschen Wille, inwiefern er nicht der absolute Gotteswille, sondern der mit dem vom Sein unterschiedenen Dasein verbundene Wille ist. Dieser Wille könnte gar nicht er selbst sein ohne dieses Dasein, denn hätte er es nicht, so hätte er das Sein und wäre Gott; oder er wäre gar nicht und dann auch nie gewesen, somit muß er mit dem Dasein verbunden, und zwar wesentlich und darum auch unzertrennlich verbunden sein. Ist aber der Wille des Menschen mit dem Dasein unzertrennlich verbunden, so auch das Dasein mit ihm. Der Wille ist nicht ohne das Dasein, also kann dieses, inwieweit es mit dem Willen vereinigt ist, auch nicht aufhören, folglich ist der *Mensch auch unsterblich*, inwiefern er *frei* ist.

Diese erste negative Bestimmung der Unsterblichkeit dem Dasein gegenüber enthält auch noch eine zweite positive, die bisher ganz übersehen und von der älteren *Mystik* sogar gänzlich mißkannt worden ist. Ist nämlich der Wille mit dem Dasein, mit dem Bedingtsein unzertrennlich verbunden, so kann er zwar durch Liebe und Seligkeit mit Gott sich verbinden, aber nur in Selbstbestimmung des Wollens, nicht in Bestimmtheit des Wesens; er kann daher nie in Gott verfließen und mit *Gott auch dem Sein nach eins werden*. Weil aber die mittelalterliche Denkweise das Sein vom Ich noch nicht gehörig zu trennen vermochte, ist sie in dieser Identifikation des relativen Seins mit dem absoluten gefallen und von einem entgegengesetzten Standpunkt aus demselben Resultat, dem *Pantheismus* nämlich, in die Arme gekommen. Jene Mystik verwechselte das Sein mit der Freiheit, identifizierte den Willen durch die Liebe mit Gott und betrachtete diese Übereinstimmung, dieses Ineinanderfließen des menschlichen Wil[1067]lens mit dem göttlichen auch als Vereinigung des Daseins mit dem absoluten Sein. Man betrachtete auch hier nicht die Einsheit von Seiten der Subjektivität mit der von Seiten des absoluten Objektes. Wenn mein Wille den göttlichen Willen will, so ist das noch nicht dasselbe, als ob ich sage: der göttliche Wille will den meinen. Der meine muß Gott an sich wollen, der göttliche Wille kann meinen Willen nur wollen, inwiefern ich ihn will und wollte und wollen werde.

Der umgekehrte Fall war es mit der *neueren Philosophie*, wo man von dem *Sein* ausgehend das relative Sein mit dem absoluten identifiziert, nicht weil man die beiderseitige Freiheit verwechselte, sondern weil man das subjektiv notwendige Sein Gottes mit dem objektiv notwendigen Sein der Welt verwechselte und beide identifizierte und darum auch die Notwendigkeit mit der Freiheit als mit dem wahrhaft Absoluten verwechselte.

Was die *mystische Theologie* oder Theosophie in Beziehung auf das übernatürliche Verhältnis der Freiheit des Menschen zur göttlichen Freiheit ununterschieden ließ, das ging in der *scholastischen Philosophie* in die Bestimmung des natürlichen Verhältnisses über. Ein Verhältnis des Menschen zu Gott konnte nicht geleugnet werden. Die Wirkung des göttlichen Willens dem menschlichen gegenüber bezeichnet man mit dem Ausdruck *Gnade*. Die Gnadenlehre hatte es nun mit einer *doppelten* Freiheit zu tun. Diese in ihrer Wirkung aufeinander gegenseitig in ihrer Wesenheit ungekränkt zu lassen und sich doch eine Wechselwirkung beider zu denken, war schwer. Man ließ daher bald die *menschliche Freiheit* zu sehr in den Hintergrund treten, um die *göttliche Gnade* zu erheben, oder man wollte die menschliche Freiheit behaupten und fand die göttliche Gnade nicht mehr. Zu diesem Gegensatz, der an sich schwer zu bestimmen war, trat dann die Unsicherheit über die menschliche Natur selbst, oder diese ging auch daraus hervor. Man schied die Freiheit in der menschlichen Natur zu wenig von dieser Natur; dem Unfreien das Freie gegenüberhaltend wollte man dieses bloß als Unsterblichkeit begreifen und schied nun *Leib und Seele*. Nun war klar, daß die Seele nicht ohne Natur, aber auch nicht ohne Freiheit war. Daher wurde sie nun ein zweideutiger Begriff, der bald mit dem einen, bald mit dem anderen zusammenfiel. In dem einen lag die Besonderheit, in dem anderen der Gegensätze die Allgemeinheit; beide aber konnten nicht an sich eins sein, sondern nur in einem dritten in der versöhnlichen Einheit.

Dazu kam der logische Disjunktionsfehler; ferner die nun unmöglich gewordene Ausscheidung von Raum und Zeit in der Gnadenlehre. Daraus erwuchs das bittere Kraut der *Prädestinationslehre.* So standen sich zuletzt zwei Parteien gegenüber, denen von Seiten ihrer Kirche Stillschweigen auferlegt werden mußte, und zwar mit Recht, weil die Vorbedingungen zur Lösung der aufgeworfenen Frage nicht gegeben waren. Dazu die *neuere Phi*[1068]*losophie;* diese ist der Freiheit ledig geworden gerade dadurch, daß sie dieselbe bloß allgemein und unbestimmt genommen.

Die *mittelalterliche Philosophie* hat in Beziehung auf die Freiheit das Geistige mit dem Seelischen oder Allgemeinen identifiziert in der *Mystik* oder das Individuale statt des Einheitlichen genommen und mit dem Seelischen vermengt in der *Scholastik* und dadurch die Freiheit aufgegeben oder in einen unauflösbaren Widerspruch gesetzt mit der göttlichen Freiheit; die *neuere Philosophie* hat den entgegengesetzten doppelten Fehler gemacht und die individuelle Notwendigkeit im Realismus, die geistige Notwendigkeit im Idealismus zur absoluten oder die Freiheit aufhebenden gemacht. Die Lehre von der *Freiheit* bleibt daher die wichtigste Eroberung für eine christliche Philosophie.

[1089]

XV. Bedingungen der Freiheit und endliche Entscheidung derselben.

Diese Freiheit des Menschen ist *doppelt bedingt* in Beziehung auf das Ich und in Beziehung auf das Sein, oder eigentlich auf das Dasein, *doppelt relativ*. Da sie nicht sein kann ohne das Bedingtsein des Daseins, so ist sie von dieser Seite bedingt. Sie ist objektiv notwendig. Es gehört zum Wesen der relativen Freiheit, mit der Notwendigkeit verbunden zu sein. Die menschliche Freiheit ist daher nur in der *Tat* wirkliche Freiheit. Die Freiheit muß sich als *freie* durch den Gegensatz und als *seiende* durch die Einheit mit dem Daseinsgrunde geltend machen. Da sie nämlich mit dem Dasein nur von Seiten ihrer Bedingtheit und nicht von Seiten der Freiheit an sich verbunden ist, so ist sie zunächst nur *natürlich*, d.h. nicht *für sich frei*; sie muß daher auch mittels ihrer eigenen Selbstbestimmungsfähigkeit frei werden, actu sein, was sie potentia kann. Das Agieren selbst, wie in unserer bisherigen Entwicklung auch actu einleuchten wird, wird sie objektiv das, was sie subjektiv sein kann. *Sie muß daher handeln.* Aber gerade in diesem *Müssen* erprobt sich der *Sieg* oder *Unsieg* der Freiheit. Die Freiheit ist eine bloß mögliche und ist als solche noch nicht, ist erst mit dem überwundenen Gegensatz wirklich. Will sie nicht bloß allgemeiner Grund, sondern wirkliche Freiheit sein, so muß sie durch die *Tat* die Freiheit äußerlich offenbaren. Das Schwanken zwi[1090]schen Sein und Nichtsein muß aufhören. Sie *ist* es, wenn sie es geworden ist. Da sie der Äußerlichkeit gegenübersteht, kann sie auch die Berührung nicht vermeiden. Dieser Zusammenstoß kann sie siegend oder besiegt zeigen, aber der Sieg wie der Unsieg beweist den Gegensatz und die Tat, die selbst, wenn sie eine Untat ist, doch auch eine Tat, ein Aktus der ersten Möglichkeit der Tat ist. Wenn aber der Mensch nur frei ist, indem er die Freiheit nach außen betätigt, so muß er ein Medium dieser Verwirklichung haben, und zwar ein freies und unfreies. Das *Dasein* als das Unfreie muß daher als Mittel der Freiheit gegenüberstehen, und zwar als notwendig gegebenes Mittel, darin ist die Freiheit mittelbar.

Aus der Doppelseitigkeit der menschlichen Natur geht die Notwendigkeit hervor, daß ein vermittelndes Dasein der Freiheit zugrunde liegen muß, damit sie wirklich frei sein kann. Die *Notwendigkeit* ist von Seiten der *Subjektivität* unabweisbar mit der Freiheit verbunden. Dieses notwendige Medium, ohne welches die menschliche Freiheit unmöglich sein könnte, wird von Seiten der reinen Subjektivität als bloße Möglichkeit, als Kopula begriffen, wodurch das eigentlich Positive seinen objektiven unbestimmten und daher erst zu bestimmenden oder bestimmbaren Grund erhält. Als bestimmend und doch nicht schaffend muß sie etwas Geschaffenes ihrer Bestimmung zugrunde legen. Nur dadurch ist es mir subjektiv möglich, frei zu sein, daß ich einem objektiven Unfreien gegenüber, es beherrschend, mich frei weiß.

Durch diese Notwendigkeit und Möglichkeit der Freiheit, die in dem objektiven Mittel liegt, wird aber dem Bewußtsein noch eine *zweite* entgegengesetzte Notwendigkeit klar, die in gerade umgekehrten Verhältnissen der freien Handlung des Menschen gegenüberstehen muß, wenn die wahre Wirklichkeit der Freiheit in der freien subjektiven Tätigkeit auch als objektive, wie von Seiten der Natur, so auch von Seiten der Freiheit objektiv entstehen kann. Die Seite der Natur, die der Subjektivität objektiv gegenübersteht, haben wir erklärt als *Mittel*; die Seite der Freiheit, die der Subjektivität objektiv gegenübersteht, müssen wir erklären als *Ziel*. Dieses Ziel muß ein von der *Freiheit* gesetztes und kann nicht ein von der *Natur gesetztes* sein, weil es kein natürliches ist. Es kann kein von der *Subjektivität gesetztes* sein, weil es ein objektives sein muß. Es kann nicht von der *eigenen Freiheit* des Menschen in erster Ordnung gesetztes sein, weil diese ohne eine objektive freie Grundlage vor der bestimmten effektiven Tat, vor der bestimmten objektiven Vereinigung mit dem daseienden Medium noch gar nicht ist. Es muß daher dieses Ziel von der Freiheit selbst, nämlich *von Gott festgestellt sein*. Ein solches Ziel ist nun zwar durch die in Gottes Freiheit erkennbare *Möglichkeit* der Schöpfung als Allgemeinheit gesetzt, in der *Möglichkeit* des Menschen, frei und in der Freiheit selig oder unselig zu sein, Gott mit Freiheit wollen und in diesem Willen an der Liebe und Seligkeit des Lebens, das ewig [1091] ist, partizipieren können oder Gott mit Freiheit nicht wollen zu können. Diese Möglichkeit ist aber, als bloß *allgemeine*, nur

Möglichkeit und muß, um zur *Wirklichkeit* zu werden, auch in die Beziehung der Bestimmtheit, der Individualität und Notwendigkeit eintreten, d.h., Gott mußte dem Menschen diese Möglichkeit gegenüber der natürlichen Möglichkeit und Notwendigkeit, gegenüber dem Naturgesetz auch als bestimmt gesetzte, als Gesetz der Freiheit, als *Sittengesetz* sich offenbaren.

Diese *Offenbarung* konnte nicht werden auf dem Wege der Natur. *Gott* mußte sich *frei*, persönlich, historisch sich offenbaren der Freiheit gegenüber, wie er natürlich sich offenbart der Unfreiheit, dem Dasein des Menschen gegenüber. Diese zweite Offenbarung, die ziellicherweise eigentlich die erste und zeitlich menschlicherweise die zweite war, konnte aber der ersteren nicht widersprechen, sondern mußte nur auf einem anderen Gebiete dieselbe sein. *Das erste Gebot Gottes an die Menschen* war daher notwendig ein *einfaches*, in der Erde wurzelndes, mit der *Existenz des Leibes*, also mit der Nahrung zusammenhängendes, und mußte in diesem Zusammenhang mit dem Naturleben die Scheidung zwischen dem *Ziel* und dem *Mittel*, zwischen dem *Grund* und der *freien Willenskraft* hervorrufen. Als ein auferlegtes Gebot beschränkte es die Freiheit des Menschen, nur um sie zu sich selbst zu führen, sowie das Mittel beschränkend der Freiheit entgegentrat, um diese selbst zum Bewußtsein von sich selbst zu bringen. Das Gebot war in höherer Ordnung auch wieder ein *Mittel* für die Freiheit, nicht der Ordnung der Natur, sondern der Ordnung des Gesetzgebers zu gehorchen und dadurch durch den Gebrauch der Freiheit in dem, der den Menschen frei und selig zugleich wollte, wirklich frei und frei selig, geistig selig zu werden. Von Seiten der *Objektivität* war in dem Gebot die einzige *Möglichkeit* zur Seligkeit und wahren Freiheit gegeben und von Seiten der *Subjektivität* daher die einfache *Notwendigkeit* des bestimmten Gebotes oder notwendig von Gott zu bestimmenden Mittels. Aus dieser doppelten Möglichkeit und Notwendigkeit ging somit eine *doppelte Wirklichkeit* hervor. Zwei Gegensätze traten dem Menschen als Mittel gegenüber, das eine als *Mittel der Freiheit*, das andere als *Mittel der Unfreiheit*. Je nachdem er nun mittels des einen das andere zu bewältigen suchte, entstand ihm daraus ein von ihm gesetzter Zustand, der dem frei oder notwendig Gesetzten entsprach und den Menschen durch die Freiheit zum Herrn der Natur oder des Menschen Natur zur Fessel der Freiheit werden ließ. Entweder wird das Dasein, das Nichtige mächtig über die sich selbst bestimmen sollende Freiheit, dann ist die Freiheit mit der ewigen Sehnsucht, es zu sein, und mit dem Verlust der Macht, es zu werden, der Mensch ist unselig; oder der Wille bestimmt sich durch das Dasein, er gebraucht es, hebt die wirkliche Negation im Sein durch die Möglichkeit des Willens in seiner Verbindung mit dem das Dasein setzenden Willen auf und wird actu frei [1092] und des Daseins als des Mittels mächtig, fühlt sich auch frei, hat das Können und Müssen zur Wirklichkeit gemacht. Im ersten Falle lassen wir auf uns wirken, verlieren die *Kraft* der Freiheit, aber nicht ihre *Potenz*; im zweiten Falle wirkt die Freiheit auf das Dasein, wir verlieren die *Potenz* der Freiheit als *bloße* Potenz, indem wir ihre *Kraft* gewinnen.

Aus diesem *Gegensatze* bricht die *Wirklichkeit des Guten und Bösen* hervor. Dieser Gegensatz ist nur durch die relative Freiheit erklärbar. Jede *pantheistische* oder *dualistische* Anschauung ist genötigt, diesen Gegensatz in Gott oder in das Absolute selbst einzutragen und ihn daher der Wesenheit nach aufzuheben. Denn im Absoluten ist entweder kein Gegensatz denkbar, was notwendigste Voraussetzung alles Denkens ist, oder wenn, so ist er göttlich und somit in keinem Falle als Gegensatz von Gut und Bös denkbar.

Die Erklärung dieses Gegensatzes ist der Prüfstein aller philosophischen Systeme. Ein System mag scheinbar noch christlich lauten, sobald es diesen Gegensatz aufhebt oder ins Absolute einträgt, hat es den verborgenen Widerspruch gegen die christliche und gegen die mögliche philosophische Wahrheit in sich aufgenommen. Gegen alle solche Systeme kämpft eine unzerstörbare Gewißheit einer freien Kraft im Menschen an, die sich durch den scharfsinnigsten Gedankengang nicht einschläfern läßt, sondern immer wieder von neuem ihr Recht geltend zu machen sucht. Unzerstörbar aber bleibt dem Menschen die innere Gewißheit des moralischen Bewußtseins, das sich in spekulativer Ableitung eben so einfach als in der beständigen Gedankenbewegung der Geschichte historisch erweist, *daß der Mensch die Notwendigkeit des Freiheitsgesetzes ebensowenig vergessen kann, als er die Notwendigkeit des Daseins aufzuheben vermag.*

Jene Gewißheit seiner Freiheit und eines Verhältnisses dieser Freiheit zu einer höheren und der daraus hervorgehenden Verantwortlichkeit, dies innere Wissen von der Verantwortlichkeit für unsere Handlungen ist der eigentliche Begriff von *Gewissen.* Jene andere aber, das Gewissen sei die innere Stimme, die zum Guten antreibt und vom Bösen abhält, ist bloß ein partikularer Zustand des Gewissens, der, wenn er allgemein genommen wird, entweder zu rein pantheistischen Voraussetzungen oder zum völligen Widerspruch führt. Ein Verhältnis der Freiheit wird daher ein Brennpunkt des menschlichen Bewußtseins ebenso gut bleiben als ein Verhältnis der Bedingtheit und Notwendigkeit.

[1113]

XVI. Ausscheidung von Denken und Können aus dem Erkennen als der Wechselbeziehung von Dasein und Wollen.

Nun erst ist die Wahl vollständig frei, das Gleichgewicht hergestellt, die Objektivität vollkommen ausgesprochen dem Ich gegenüber. Die Objektivität ist nach ihrer doppelten Bestimmtheit vor es hingetreten, nun ist es an ihm, zu entscheiden ihr gegenüber. Wie beide in der Tat verbunden werden müssen, so muß sich im Menschen überhaupt die Möglichkeit eines solchen Verbindenkönnens als subjektive Voraussetzung und Notwendigkeit finden. Daraus entsteht die rein subjektive Bewegung im Menschen den Gegensätzen der Objektivität gegenüber, in denen die *äußerste Potenz der Freiheit nicht ohne Notwendigkeit und diese äußerste Notwendigkeit nicht ganz ohne Freiheit* sein kann. Durch dieses wechselseitige Umfassen ist im Menschen ein Ausgleichen, ein Vermitteln, ein Eingehen in beide Gegensätze möglich. In der Unterscheidung der menschlichen Subjektivität liegt der *Zusammenhang* des Menschen mit der Objektivität, nicht als ein *notwendiger*, sondern ein *freier*, aber zunächst als subjektiv und nicht als objektiv freier, ichlicher; seine Freiheit ist die Freiheit der *Wahl.*

Durch die eine Seite seines Bewußtseins hängt der Mensch mit der *Natur*, durch die andere mit *Gott* zusammen und ist beiden zugleich ähnlich und daher auch wieder von beiden verschieden. In dieser Ähn[1114]lichkeit und Unähnlichkeit, die im Menschen zugleich möglich oder subjektiv gesetzt ist, liegt die Möglichkeit der Erkenntnis beider, weil der Mensch beiden zugleich ähnlich und unähnlich ist. Alles Erkennbare muß aber dem Erkennenden gegenüber beides zugleich sein. Darum ist nur der Mensch wahrhaft ein Subjekt einem doppelten Objekte gegenüber. Dieser Zusammenhang spricht sich subjektiverweise diesen beiden Objekten seiner möglichen Erkenntnis gegenüber als ein zweifacher aus. Mit dem freien Objekt hängt der Mensch zusammen durch die Freiheit, mit dem bedingten durch die eigene Bedingtheit. Diese beiden Richtungen sind im Menschen nicht getrennt, sondern stets beisammen; aber innerhalb des allgemeinen Zusammenhanges doch wieder relative Gegensätze, so daß in dem einen ein äußerstes Unfreies die Freiheit, in dem anderen der äußerste Grad des annoch Freien die Unfreiheit durchdringt.

Das Verhältnis der subjektiven Freiheit nennen wir, inwiefern wir die Erkenntnis in ihrer Möglichkeit bezeichnen, *Glaube. Der Glaube ist das persönliche Zutrauen zur Persönlichkeit.* Dieses Zutrauen lebt in jedem Menschen mit dem Bewußtsein seiner Freiheit unzerstörbar fort. Jeder Glaube, wir mögen ihn einen *historischen* oder *theologischen* nennen, beruht auf diesem persönlichen Vertrauen auf die Persönlichkeit. Der Glaube ist daher in seiner Wurzel unzerstörbar. *Der Mensch muß glauben.* Er ist nicht genötigt, dies oder jenes zu glauben, er ist nicht objektiv genötigt, aber subjektiv. Er muß glauben in Beziehung auf die in ihm wohnende, freie Willenskraft. Das Glauben gehört als eine nicht auszuschließende, subjektive Bewegung zum menschlichen Wesen überhaupt. Darum sagte Thomas von Aquin vom Glauben an eine höchste Persönlichkeit: Deum esse non credimus, sed scimus, indem er damit diese subjektive Notwendigkeit bezeichnen wollte.

In diesem Zuge der Notwendigkeit liegt die Beziehung vom *Glauben zum Wissen.* Beide schließen sich einander durchaus nicht aus, sondern rufen sich einander gegenseitig hervor. Der *wahre, lebendige Glaube* ist notwendig ein *wissen-*, ein *erkennen-wollender*, weil er die Notwendigkeit aufzuheben, den Gegensatz der Unfreiheit auszugleichen, sich in vollkommender Freiheit als Überwinder zeigen muß. Wer mit einem anderen verbunden ist, der ist auch gebunden, solange er es nicht übergebunden oder überwunden hat. Wer reiten muß und vom Pferd nicht loskommen kann, der ist nur pferdfrei, wenn er das Pferd beherrscht. Die entgegengesetzte Bewegung liegt im Zusammenhang des Menschen mit der Natur. Dieser ist seiner Natur nach ein natürlicher, d.h. ein notwendiger. Seine Bewegung wird vermittelt auf dem Wege des Daseins, also durch die Organe der Beziehung des Menschen zur Außenwelt, durch die Sinnlichkeit, ist in seiner äußersten Grenze sinnlicher Eindruck und sinnliche Wahrnehmung. Allein auch hier tritt doch wieder ein freies, selbsttätiges Element zu der bloßen Abhängigkeit hinzu, wodurch es [1115] ein menschliches Wahrnehmen, ein mit der Unsterblichkeit Zusammenhängendes zu werden im Stande ist, ein Nehmen des Wahren ist. Dadurch und nur dadurch wird die bloße Wahrnehmung des Daseins zum Wissen vom da Sein in der subjektiven Einheit des Bewußtseins. Durch den Glauben und die Wahrnehmung werden die beiden Endpunkte der subjektiven Bewegung des Menschen bezeichnet. Der eine ist ein freier, der andere ein notwendiger; beide gehören aber nicht mehr in die subjektive Bewegung hinein, sondern an ihr Ende. Ein notwendiges und ein Gewolltes, das sind die Grenzen. Die eigentliche Bewegung aber ist zwischen beiden Punkten, von denen wir den einen als Ausgangs-, den anderen als Endpunkt bezeichnen müssen.

Wahrnehmung und Glaube können sich daher einander nicht geradezu widersprechen, noch können sie unvermittelt nebeneinander bestehen. Zwischen beiden liegt die reinvermittelnde, subjektive Tätigkeit des Individuums, die Glaube und Wahrnehmung in der Subjektivität verbindend darin die Brücke zur Objektivität sich bahnt, zwischen beiden Ufern eine Verbindung. Zwischen dem Dasein und dem Wollen steht somit eine subjektive Bewegung der Wechselwirkung beider in der Mitte, wodurch ein Erkennen des einen durch das andere vermittelt wird.

Wenn aber das *Erkennen* als Wechselbeziehung vom Dasein und Wollen im Menschen genommen wird, wodurch der bewegliche und unbewegliche Punkt in seiner zweifachen Natur ausgeglichen werden soll, so darf man das Wort nicht in jenem speziellen Sinne nehmen, in welchem es so häufig mit dem Denken und Wissen identifiziert wird. Dem Theologen ist in Beziehung auf dieses Wort ohnehin schon durch den Sprachgebrauch der heiligen Schrift eine Hinweisung gegeben, die ihn vor der allzu einseitigen Auffassung desselben bewahren kann. Wenn auf die Verbindung der Geschlechter angewendet das Wort »Erkennen« gebraucht wird und es heißt: Adam erkannte sein Weib und erzeugte mit ihr einen Sohn, so ist damit offenbar eine weitere Beziehung hervorgehoben, die in der Produktivität, in der zeugenden Kraft des Menschen liegt. Durch das Erkennen läßt der Mensch seiner Subjektivität die Objektivität einzeugen, oder aber er kehrt das Verhältnis um und zeugt die Subjektivität in die Objektivität ein, und auch dadurch erkennt er sie. Nicht bloß der *denkende* Mensch, der von der Natur und ihrer sinnlichen, wahrnehmbaren Notwendigkeit ausgeht, um in diesem Ausgang ein drittes zu erzeugen, erkennt in dieser Bewegung die

Objektivität, sondern auch der *Künstler*, der den Stoff nimmt und ihn nach einem anderen Gesetze so modelt, daß er nicht aus seinem Gesetze herausgeworfen wird und doch ein anderes Gesetz sich aufprägen läßt, das ursprünglich nicht das seinige gewesen, auch der Künstler, der die Objektivität so umzuwandeln und ihr seine Anschauung einzuzeugen versteht, auch er erkennt die Natur, nur in einer ganz anderen Weise [1116] als der Denker. Er kann sich nicht Rechenschaft von seinem Erkennen ablegen, er kann es mittelbar nicht an andere mitteilen, sondern unmittelbar an die Natur, aber er besitzt dort bildend und schaffend diese Macht des Erkennens, mit der er die Objektivität überwältigt.

Im Vergleich mit der doppelten Objektivität entsteht somit eine doppelte mögliche Bewegung des Subjekts in seinem Erkennen. Diese beiden unterscheiden sich wieder als entgegengesetzte Bewegungen der Vermittlung des Daseins und des Wollens, unterscheiden sich als entgegengesetzte Bewegung durch das Verhältnis des Ausgangspunktes.

Die eine dieser Bewegungen wie die andere, durch welche das Subjekt in seiner natürlichen freien Tätigkeit der Objektivität gegenüber ein bestimmtes und bestimmendes Verhältnis gibt, geht von der *Äußerlichkeit* der notwendigen Wahrnehmung aus und sucht diese Notwendigkeit durch den Funken der ihm innewohnenden entgegengesetzten Kraft der Bezüglichkeit zur Freiheit gänzlich zu durchdringen, mit dem Glauben zu vereinen, und diese Tätigkeit nennen wir *Denken*.

Dieser steht die Bewegung entgegen, die von *innen* nach *außen* wirkt, vom Glauben zur Wahrnehmung, und in dieser Wirkung dem Innerlichsten, das aber als bloß Innerliches nicht von der menschlichen Natur faßbar ist, ein Äußeres mitzuteilen, das Innerliche äußerlich auszudrücken oder darzustellen sucht, und diese Bewegung nennen wir das *Können*.

Im Denken und Können erscheinen die beiden Potenzen des ersten Aktes, das *Unterscheiden* und *Verneinen*, der Gegensatz und die Verbindung des Entgegengesetzen in einem allgemeinen, unausgeschiedenen Grunde; beide fordern eine höhere, wirkliche Einheit über sich. Weil aber im Gleichgewicht des Glaubens und der Wahrnehmung, des Freien und Unfreien ihre Einheit beruht, so sind sie nur die beiden objektiven Verhältnisse der subjektiven Freiheit. Diese selbst erscheint in ihrer wahren Ichlichkeit erst in der Befreiung von beiden, in dem gewollten, durch Denken und Können nur vermitteltem Zwecke.

Diese beiden Tätigkeiten haben da, wo sie in die reine Wirklichkeit eingetreten, gleichviel von der einen wie von der anderen Seite ihres Gegensatzes, und nur in diesem Gleichgewicht besteht ihre eigene Position. Diese Gleichheit beider hat aber wieder den Unterschied der entgegengesetzten Bewegung. In beiden ist Freiheit und Notwendigkeit in gleicher Potenz, aber in verschiedener Richtung der Gegenwirkung. Wie aber die Bewegung einerseits von außen nach innen, andererseits von innen nach außen gerichtet ist, kann damit die vermittelnde Tätigkeit zwischen Sein und Wollen noch immer nicht ganz erschöpft sein, indem jedem Gegensatz eine vermittelnde Einheit zukommt. Diese vermittelnde Einheit liegt in dem *freien Handeln* des Menschen, welches aus der Wechselwirkung der beiden ent[1117]gegengesetzten Erkenntniskräfte hervorgeht und in der Einheit des Denkens und Könnens, und zwar in der gewollten und zwecklichen Einheit beider, besteht.

[1138]

XVII. Die Verhältnisse der Freiheit zu den drei Grundkräften des Menschen.

Aus der Wechselbestimmung vom Natur- und Willensgrund des Menschen in seiner relativen Freiheit gehen die einzelnen Tätigkeiten des menschlichen Lebens, die sich als die wesentlichen Fraktionen der relativen Freiheit bestimmen lassen, das *Denken*, *Können* und *Tun* hervor. In dem ersten ist die erste Befreiung von der Objektivität gesetzt durch die Möglichkeit, dieselbe dem Ich wiederholend einzuzeugen und die Objektivität durch die persönliche Tätigkeit als ein anderes von sich zu setzen. In zweiter Potenz offenbart sich die Freiheit durch die sich im Ich offenbar werdende Macht der Subjektivität über das objektive Naturgesetz durch das Können. In höchster Einheit erscheint die relative Freiheit in der freien Tat, die aus dem Denken und Können zugleich hervorgeht und mit denselben noch den subjektiv bestimmenden Zweck verbindet. Die beiden anderen Potenzen der möglichen Freiheit haben ihren Einheitspunkt in dem sittlichen Zweck. Die freie Tat ist daher der letzte Entscheidungspunkt. Diese Entscheidung aber muß nicht bloß für den einzelnen Menschen in Beziehung auf seine Individualität geschehen, sondern setzt selbst eine nicht individuale voraus als primäre Aufhebung der Unterschiedenheit.

Wenn nun klar ist, daß die Freiheit aus ihrem unentschiedenen Zustande des bloßen Willens heraustreten muß, um zur Tat zu werden, so knüpft sich an die Entscheidung der Tat ein Urverhältnis der menschlichen Freiheit in ihrem Verhältnis zu den drei Grundkräften, die aus der Relativität dieser Freiheit hervorgehen. Wie wir in der Logik ein Urteil jenen Gedanken nennen, der die erste Trennung und Scheidung der Merkmale des Begriffes hervorbringt und daraus ein bedingendes Verhältnis für alle Gedankenbildungen ableiten, so muß sich auch in Beziehung auf die erste, bloß mögliche, aktuelle Freiheit des Menschen ein solches Verhältnis bestimmen lassen.

Das Verhältnis der Freiheit und Unfreiheit durch den ersten Willensakt kann nun als ein zeitliches und nicht zeitliches, als ein vorherrschend objektives oder vorherrschend subjektives betrachtet werden. In dem einen Falle knüpft sich eine freie und in Beziehung auf das Sein ewige und unveränderliche, im anderen Fall eine zunächst zeitliche und in Beziehung auf das Dasein veränderliche Folge an dasselbe an. Diese veränderliche Folge ist hinsichtlich der Natur wieder zu unterscheiden in eine allgemeine und individuelle und in eine beziehungsweise unveränderliche. Das rein ewige Ver[1139]hältnis ist das außer Gott und doch in der Freiheit gesetzte Verhältnis von Gut und Bös, in der Trennung vom Dasein bestimmend, ewig, inwiefern seiend; in der Verbindung zeitlich. Das Dasein hat seine Ewigkeit in der Freiheit. Das Dasein ist nicht gut und nicht böse; das Sein auch nicht im Sinne des Gegensatzes. Das Böse ist nicht an sich; das Gute auch nicht; beide Gegensätze sind Gegensätze der relativen Freiheit und nicht des Seins oder Daseins. Im neutralen Sinne kann der Ausdruck: »*Das Böse ist*«, gar nicht gebraucht werden. Nur in der Persönlichkeit ist dieses Sein als Kopula mit dem Bösen verbunden. Es gibt böse und gute, freie Wesen. Der Böse ist, und Böse und Gute (freie Wesen) sind. In dieser Entscheidung lag nun allerdings eine Scheidung eines zuvor noch unausgesprochenen Gegensatzes, der nun, wenn er einmal war, für immer sein konnte und als objektiver Gegensatz auch mußte, aber nicht als subjektiver.

Außer diesem objektiven Scheidungsverhältnis eines ersten Aktes zwischen Ich und Sein liegt auch noch ein subjektiver zwischen Ich und Dasein, das nicht ewiger, sondern zeitlicher Ordnung ist. Der erste Akt der Entscheidung ist gerade darum ein primärer und allgemein menschlicher Akt, daß er ein objektiver und subjektiver zugleich, und also ewig und nicht ewig der allseitigen Entscheidung nach ist. Da mit dem ersten Akt der Mensch überhaupt aus der Unentschiedenheit seiner Natur in sich, der Natur außer sich gegenüber heraustrat; so war mit diesem Akt ein Naturverhältnis gesetzt, wodurch die individuelle Freiheit nicht aufgehoben, aber durch das Naturverhältnis auf eine vom Individuum nicht mehr abhängige Weise limitiert war. Der erste Akt, als ein einfacher, weist notwendig auch auf einen *einzigen* Menschen im *seelischen* und auf zwei Menschen im *geistigen*

Anfang hin, indem die Scheidung zuerst als eine unsündhafte in die Geschlechter denkbar ist der Seele nach, ehe die Scheidung als eine geistige in den sündhaften Gegensatz eingeht.

Die Objektivität bot neben dem freien noch ein anderes Verhältnis, das zur natürlichen Zeitlichkeit, dar, worin der erste Akt zwar als ein in der Zeit allgemein entscheidender, aber nur in der Zeit bestimmt entscheidender war. Gerade darin lag auch die mögliche Freiheit für jede weitere Abfolge von zeitlicher Ausbreitung des ersten relativ freien Menschen in ihrem natürlichen Verhältnis. Mußte auch das Naturverhältnis in bestimmter Weise zur Freiheit eine erste Stellung erhalten, so konnte dadurch die Freiheit in dem ersten Menschen und noch weniger in der Abfolge der abstammenden Geschlechter gänzlich aufgehoben erscheinen, er mochte nun zum Guten oder Bösen sich entscheiden. Gut oder Böse stand noch immer im Verhältnis der Zeitlichkeit und nicht im Verhältnis einer ewigen Entschiedenheit. Nur wenn der Wille sich für immer entschieden hat, mit vollkommener und unveränderlicher Erkenntnis und Gewißheit, daß er sich gegen Gott entscheidet, und ist er in sich selbst durch freien Entschluß über die Natur hinausgegangen, so daß er durch die entschiedene Erkenntnis [1140] auch die Macht der Umkehr aufgehoben, den Fall des Anderskönnens negiert hat: dann ist die Entscheidung zugleich eine unauflösbare, ewig seiende, weil ewig so wollende. Diese Entscheidung war aber im ersten Akt der menschlichen Freiheit eben um ihrer rein zeitlichen Form willen unmöglich. Die Urentscheidung ist somit in ihrer ersten Beziehung notwendig *zeitlich* und möglich ewig und hat zunächst ein Verhältnis der Einheit des Denkens und Könnens der untergeordneten Kräfte oder ein Verhältnis des Gegensatzes und der Zerstreuung zur Folge. Die Bewegung geht von der Einheit des Zweckes aus und überwältigt die Natur zum Dienste der Freiheit, oder sie muß in unvergeßlicher Rückerinnerung der möglichen Freiheit aus der Natur zur Freiheit zurück sich sehnen.

Ob nun die allmähliche Scheidung der Kräfte und Erinnerungen des Menschen, also die Voraussetzung der Dezentralisation, die als Abwendung vom Zentrum stets ein Fall genannt werden muß, oder die Zentralisation, die lebendige Einheit und die harmonische Überwachung der Natur in dieser Einheit, die Voraussetzung einer Entscheidung für die Einheit des Willens erfordert, könnte man leicht aus der Erfahrung und Geschichte erweisen. Allein wir haben einen näher liegenden und zugleich rein wissenschaftlichen Beweis, der im ersten Akt des Bewußtseins gegeben ist, von dem wir uns bekennen müssen, daß er kein Willens- oder Einheitsakt, sondern ein Akt des Denkens und Unterscheidens ist.

Der erste Akt des Bewußtseins weist durch sich selbst zwar auf das ursprüngliche Verhältnis der höheren Einheit und der relativen Freiheit hin, allein er beweist auch die totale Umkehrung des möglich einfachen Freiheitsverhältnisses in die Gegensätze und ihre äußere Notwendigkeit, durch die das relativ freie Ich erst zum Bewußtsein seiner selbst kommen muß. Nicht das individuelle Ich steht im ursprünglichen Zentrum als einheitliches, zugleich allgemeines und sonderheitliches Ich, sondern im Gegensatz mit dem Nichts wird es erst seiner selbst gewiß durch die Objektivität, nicht der Objektivität durch sich. Die Aufhebung des primären einfachen Verhältnisses weist auf eine totale Umkehrung aller Grundverhältnisse hin. Die Elemente der menschlichen Natur sind zwar noch immer dieselben, aber ihr Verhältnis unter sich und zum Nicht-Subjekt ist ein anderes als es sein mußte, wenn Freiheit und Natur in aktiver Einheit sich wechselseitig ihrer relativen Bedingtheit durch eine Untat enthoben und zur gegenseitigen Befreiung in der höheren Freiheit zusammenwirkend geworden wären. Die ursprünglich mögliche Harmonie von Denken und Können in der freien Tat ist keine wirkliche geworden, sondern muß sich aus der Disharmonie erst herausarbeiten. Alle Kräfte gewinnen ihre Kraft und Selbständigkeit erst durch den Kampf mit ihren Gegensätzen. Das Negierende ist das zuerst Bedingende geworden. Überall muß das Nicht, das privative »Un-« erst aufgehoben werden. Aus der Unwissenheit muß erst die Wissenheit, aus [1141] der Unmacht die Macht hervorgehen. Erst im allmählichen Aufheben der Negation wird die positive Freiheit klar und zur reinen Entschiedenheit.

Ehe aber dieser Kampf durchgekämpft ist, liegt sie in den Banden der Naturgesetze. Ein vollständig bewußtes, freies Handeln in seiner individuell- und allgemeinmenschlichen Bedeutung ist erst nach voller Entschiedenheit des Bewußtseins, wie es im Denken gewonnen werden muß, möglich. Das Denken selbst ist frei und nicht frei. Ein Streben zur allmählichen Befreiung von seinem nicht sein sollenden Zustande ist aus der Tätigkeit als eines Übergehens zu einem anderen Zustande nicht zu leugnen. Allein dieses Streben ist doch nur ein allmähliches Losringen, das an natürliche Grenzen und Voraussetzungen gebunden und ebenso unfrei als frei ist. Ein Kant vor Spinoza und Hume ist durchaus unmöglich; Aristoteles ist vor Plato gar nicht im Stande, seine Philosophie zu erbauen. So muß jede Bewegung aus einer vorausgehenden sich ableiten und als von einer Seite wie Folge mit ihrem Grunde zusammenhängen. Diese Folge ist somit eine notwendige. Die *allgemeine Seite* ist bei jeder Bewegung *notwendig*; nur die *individuelle* ist *frei*. Bevor ein gewisser Bildungsstand nicht errungen ist, kann ein höherer gar nicht kommen. Wenn aber ein solcher Zustand geworden ist, wird er ebenfalls wieder der Grund eines notwendig aus ihm hervorgehenden anderen. Die Bewegung kann bei Plato nicht stehenbleiben, sondern muß einen Aristoteles haben.

Wer nun individuell für die allgemeine Aufgabe der Zeit sich qualifiziert, das kommt auf die Anstrengung und die Freiheit und den Mut des Individuums an. Daher macht jede Zeit ihre besonderen Ansprüche an die in ihr lebenden Menschen. Wer diese Ansprüche versteht, der kann sich auf den Höhepunkt derselben stellen und der Wohltäter der Menschheit werden. Ohne tiefstes Verständnis der Aufgabe einer Zeit ist aber eine solche individuelle Erhebung über sie nicht möglich. Die meisten Menschen werden von der Zeit nur so fortgerissen und vermehren den Wasserdruck, mit dem der anschwellende Strom der Zeiten dem Meer der Ewigkeit zuströmt, ohne selbst etwas zu bedeuten. Ohne eine klare Ansicht des Lebens ist eine Macht über dasselbe nicht möglich. Die Freiheit ist durch diese Erkenntnis wesentlich bedingt. Je klarer diese Erkenntnis, umso entschiedener, bestimmter, selbstbewußter ist die Freiheit.

Die wahre Freiheit liegt daher als unvergeßliches Ziel allen Bewegungen des Denkens zugrunde, aber sie ist der eine Gegensatz, von dem die Bewegung nicht ausgeht, sondern zu dem sie erst gelangen soll. Der Übergang ist aber gerade dadurch möglich, daß auch an der äußersten Grenze der Unfreiheit doch dieser Funke der Freiheit sich nicht ganz vertilgen läßt und daß durch dieses andere in dem einen der ganze Prozeß geleitet wird, indem ein allmähliches Übergehen die Gegenwirkung beider Kräfte in ihren einzelnen Verhältnissen offenbar macht, so daß kein Punkt in dieser Bewegung ganz als das eine oder ganz als das andere erscheint und doch [1142] in jedem Punkte sich beide als wirksam erweisen. Dadurch entsteht abermals das Bewußtsein von beiden im Menschen, aber ein Bewußtsein, das nicht von der Einheit, sondern vom Gegensatze getragen wird und die Wechselwirkung von Freiheit und Notwendigkeit, die jeder menschlichen Tätigkeit zugrunde liegt, vom Zustande der vorherrschenden Notwendigkeit aus zum Bewußtsein bringt.

Aus der Stellung der ersten wirklichen Tat des individuellen Bewußtseins zur ersten allgemeinen, möglichsten und höchsten Einheit der doppelseitigen Natur des Menschen läßt sich in Beziehung auf einen primären Akt der menschlichen Freiheit der Schluß ziehen, daß dieser Akt in die scheidende Bewegung der Gegensätze der menschlichen Daseinsentwicklung eingeführt, statt sie in der Einheit festzuhalten und schaffend und durchschauend im Akte des Wollens auch Erkenntnis und Kraft zu beherrschen. *Damit ist der notwendige Verlauf der ganzen Menschengeschichte bezeichnet.* Sobald wir die einzelnen Funktionen des menschlichen Lebens in seiner Verbindung mit der Freiheit, aus der allein eine wirkliche Entwicklung hervorgehen kann, kennen gelernt, dürfen wir nur jede dieser Funktionen in diese neue, allein noch mögliche, also notwendige Bewegung eintragen, und die Grundlinien ihrer möglichen Geschichte liegen vor uns.

[1165]

XVIII. Denken und Können in ihrer mittleren Proportionalität zu Freiheit und Notwendigkeit.

Jede Bewegung ist nur im Übergang von der Unfreiheit und Negation zur Freiheit und Position zu begreifen. Auch das Denken erscheint als eine Tätigkeit des Menschen, die zwischen diesen Gegensätzen sich bewegt. Es ist daher fast überflüssig, zu bemerken, daß das *Denken* durchaus *nicht als absolut gedacht werden kann*. Nur die bereits fast wie zur Gewohnheit gewordene Redensart von einem absoluten Denken rechtfertigt eine kurze Abweisung dieser Annahme, die, wenn sie gemacht würde, das Denken notwendig selbst aufheben und folglich das Prädikat seines inneren Subjekts berauben würde. Als zwischen Gegensätzen sich bewegende Tätigkeit ist das *Denken nicht absolut*. Als Tätigkeit eines relativ freien Wesens kann das Denken gleichfalls nicht absolut sein. Als einzelne Tätigkeit eines relativ freien Wesens kann das Denken noch weniger für ein absolutes angesehen werden. Daß sie aber eine einzelne Tätigkeit ist, geht aus dem Verhältnis der Bewegung zu ihren Gegensätzen von selbst hervor.

Eine Tätigkeit, die als primäre Willenstat sich hinstellt, haben wir bereits ausgeschieden. Von dieser Tätigkeit ist das Denken verschieden, ja [1166] im Gegensatz mit derselben, indem es als die eine Grundbedingung dieser anderen Tat erscheint. Die Unterscheidung muß der Entscheidung vorangehen. Als Tätigkeit des Unterscheidens ist es aber mit dem freien Handeln *nicht* in einfach *koordinierter* Ausscheidung. Die wesentlichen Tätigkeiten des Menschen sind nicht bloß die zu unterscheiden und entscheiden, indem diese beiden sich einander nicht gegenseitig ausschließen und die Unterscheidung auch wieder in die Entscheidung als Scheidung mit hineintritt. Beide als positive Disjunktionsglieder können gar nicht in der Zweigliedrigkeit nebeneinander gestellt werden, sondern fordern als positive, sich nicht ausschließende, sondern teilweise auch wieder einschließende Glieder ein drittes, vermittelndes Glied neben und zwischen sich.

Dieses dritte Glied läßt sich leicht aus der wesentlichen Funktion der beiden anderen Glieder bestimmen. Das *freie Handeln* fordert zur vollständigen Verwirklichung seiner Tätigkeit eine *Anwendung eines äußeren Mittels zu einem selbstgeprüften inneren Zweck.* Um die Äußerlichkeit zu einem solchen Zweck sich dienstbar zu machen, muß der Mensch nicht bloß zwischen den Gegensätzen der Äußerlichkeit in Beziehung auf seinen gewollten Zweck *unterscheiden,* sondern er muß auch diese Äußerlichkeit zu seinem Zwecke anwenden, sich dienstbar machen können, er muß sie *überwältigen.* Die Freiheit des Menschen besteht nicht darin, daß er alles kann, was er will, sondern das er das will, was er kann und soll.

Je bestimmter meine Entscheidungskraft ist, umso bestimmter weiß ich, ob ich die Äußerlichkeit bewältige oder ob sie mich bewältigt. Nach dem Maße dieses Wissens wird meine Freiheit sich messen lassen. Die Bewältigung aber hat ein Verhältnis sowohl zur Individualität als zur Allgemeinheit meiner Natur. Ich kann einerseits wissen, daß man dieses oder jenes kann, aber auch, daß ich es nicht kann, und kann andererseits wissen, daß der Mensch die allgemeinen Gesetze der Natur nicht überschreiten, aber wenn er sie kennt, zu einem von ihm selbst bestimmten Zwecke benützen oder seinen Zweck nach dem Maße seines Könnens bestimmen kann. In zweiter Potenz wird daher meine Freiheit in ihrer wirklichen Entwicklungskraft gemessen werden nach dem Verhältnis dieser Allgemeinheit und Besonderheit. In jeder freien Tat müssen daher diese beiden Beziehungen des Denkens und des Könnens zusammenwirken, und aus ihrer Einheit geht die individuelle Freiheit der einzelnen Handlung hervor.

Vergleicht man nun diese drei Funktionen, von denen jede ebensowohl frei als unfrei ist, wieder miteinander, so tritt ihre einzelne Eigentümlichkeit noch genauer hervor.

Die Tätigkeit des bloßen Unterscheidens, die wir mit dem Worte »*Denken*« bezeichnen, ist eine Wechselwirkung von Freiheit und Notwendigkeit; das Können gleichfalls und das Handeln, welches aus der Einheit beider hervorgeht, muß an dieser Grundeigenschaft beider partizipieren und hat nur die individuelle Absicht, die das bloß Natürlich-Allge[1167]meine zum Bestimmt-Einheitlich-Persönlichen erhebt, vor den beiden anderen voraus.

Diese beiden anderen müssen sich daher wieder unter sich in einer bestimmten Beziehung unterscheiden und als Arten ein und desselben Gattungsbegriffes sich gegenseitig ausschließen. Nun sind aber beide von dem Handeln ausgeschlossen, beide haben daher diesem gegenüber die relative Tätigkeit des Menschen in dem Sinn einer noch ohne *individuelle Absicht* bestehenden *Wechselwirkung* von Freiheit und Notwendigkeit als gleichmäßige Eigenschaft. Beide sind zunächst nicht mit dem *Maße der Freiheit* in der einheitlichen Persönlichkeit, sondern *mit dem Maße der Unfreiheit in ihrer Beziehung zur persönlichen Freiheit durch die Allgemeinheit und Individualität* zu messen. Die persönliche *geistige Einheit*, die sich im Handeln offenbart, legt sich die *Allgemeinheit der Seele* und die *Individualität des Leibes* als notwendige Voraussetzung zugrunde. Diejenigen Tätigkeiten, die das Handeln bedingen, stehen als geistige Tätigkeiten zwischen dem persönlichen und unpersönlichen Verhältnis in der Mitte. In ihnen spricht sich daher die persönlich gestaltete *Einheit von Allgemeinheit und Besonderheit* als ihre *unterscheidende Wirklichkeit* im *Gegensatze* von der *Handlung* aus.

Bestimmt man dieses beiden gleich zukommende Maß der Bewegung im Unterschiede beider voneinander, so ist in beiden die Bewegung *von der Notwendigkeit zur Freiheit und von der Freiheit zur Notwendigkeit hin durchgehend durch den Gegensatz der Allgemeinheit und Besonderheit nur als eine entgegengesetzte* zu begreifen. Dieser Gegensatz der Bewegung liegt rein in der Richtung beider Tätigkeiten.

Die *Richtung des Könnens*, des die Äußerlichkeit zum Dienste der Freiheit bewältigenden Vermögens, geht von der *inneren*, möglichen Freiheit des Menschen aus und wirkt von seiner Innerlichkeit in den Gegensatz des *äußeren* Lebens hinaus, indem es die Äußerlichkeit zu überwinden, zu brechen, zu einem anderen von sich zu machen sucht. Dieses Bestreben geht aus einer nicht unterschiedenen, sondern allgemeinen Macht hervor, die im Menschen durch das höchste Bewußtsein des freien Gegensatzes mit der Notwendigkeit des äußeren Lebens stets wach erhalten ist.

Weil der Mensch das Gefühl der Freiheit nicht verlieren kann, so hat er auch das Gefühl der möglichen Macht über das Unfreie. Diese Macht kann er nun aus sich stets nur allgemein und mittelbar besitzen, nicht, wie die titanische Faustnatur es will, unmittelbar und nach Willkür der Natur gebieten, weil der *Wille kein schaffender ist.* Diese Macht liegt im Menschen in der Allgemeinheit seiner ersten Lebensbedingung und kann daher auch nicht der Willkür des einzelnen anvertraut sein. Sie ist zunächst ein allgemeines, unbewußtes Drängen, ist angeborene Kraft, die nicht durch des einzelnen sonderheitliches, bewußtes Streben errungen werden kann. [1168] Darum ist der *Künstler*, der die Welt bezwingt, selbst wieder von einem von ihm unbezwungenen Drang bezwungen, dem er mehr *leidend* als *tätig* gehorcht. Es offenbart sich in ihm nicht die individuelle, sondern die allgemein menschliche Macht. Das *Können* ist somit ein Streben, das von *innen* nach *außen*, vom Allgemeinen ins Sonderheitliche gerichtet ist, um das *Äußere zum Ausdruck des inneren*, allgemeinen, nur im Besonderen wirklich aussprechbaren Lebens zu machen.

Dieser Tätigkeit, die von innen nach außen, vom Allgemeinen ins Besondere wirkt, steht die koordinierte Tätigkeit des *Denkens* gegenüber. Das Denken ist daher die Tätigkeit des Unterscheidens oder des Wirkens von *außen* nach *innen*, vom Besonderen zum Allgemeinen. Wie im *Können* in der höchsten *Allgemeinheit* des Gefühls schon ein Zug liegt, als etwas *Besonderes* auch *erscheinen* zu können, so liegt in aller Äußerlichkeit, die vom Menschen geschaut, aufgenommen wird, der Zug des Allgemeinen, des *Aufhebens der Besonderheit*, um es als ein Nichtbesonderes innerlich zu wissen. Der Künstler sucht das Allgemeine aus dieser Allgemeinheit herauszunehmen, um es als ein Besonderes, Erscheinendes zu besitzen; der Denker sucht das Besondere aus seiner bloßen Besonderheit und individuellen Erscheinung herauszunehmen und es als Allgemeines zu erkennen.

Das *Denken* geht somit gerade den *entgegengesetzten Weg* vom *Können.* Beide suchen die Einheit in der Ausgleichung und Verbindung von Allgemeinheit und Besonderheit, während das *Handeln* die *Einheit* im *persönlichen Zwecke* in der *Ausgleichung des Äußeren und Inneren* überhaupt sucht, ohne diese beiden wieder als Allgemeines und Besonderes sich gegenüberzustellen, sondern indem Allgemeinheit und Besonderheit zugleich an die Stelle des Unpersönlichen tritt und mit dem rein persönlichen Willen in der bestimmten Handlung in zeitlicher Einheit ausgeglichen wird. Der Unterschied zwischen beiden liegt aber wieder darin, daß das Denken vom Besonderen zum Allgemeinen, das Können dagegen vom Allgemeinen zum Besonderen sich bewegt, die Bewegung beider somit als entgegengesetzt erscheint. Wenn man aber das Verhältnis beider zur Freiheit betrachtet, so haben offenbar beide zur freien Handlung ein gleiches Verhältnis des Unterschiedes in der Beziehung. Ihr Verhältnis zur Freiheit wird sich *nicht als Handlung*, sondern nur als *Wirklichkeit* der Wechselwirkung, als Ausgleichung oder *mittlere Proportion zwischen Freiheit und Notwendigkeit* bezeichnen lassen.

[1188] Diese *Wirklichkeit* kann nun als positive Bestimmung, als untergeordnetes Verhältnis der Wechselwirkung von Freiheit und Notwendigkeit, [1189] als Bewegung und Übergang nicht ein einziges Verhältnis sein und nicht ein einziges Verhältnis neben sich haben, weil dieses eine bloß negativ bezeichnet als das Nicht wirklich zwar bestimmt, aber nicht positiv ausgesprochen werden könnte. Das Wirkliche, als gleichmäßige mittlere Proportion von Freiheit und Notwendigkeit in der Ausgleichung von Allgemeinheit und Besonderheit, muß nun einerseits der Freiheit, andererseits der Notwendigkeit sich zuwenden. Allein das hier sich bestimmende Freiheits- und Notwendigkeitsverhältnis ist nicht im Sinne der ersten Freiheit und Notwendigkeit, sondern im Sinne des Gegensatzes von *Partikularität* und *Allgemeinheit*, also bloß von subjektiver Notwendigkeit und Freiheit zu nehmen. Da beide Potenzen ihre höchste Beziehung zur Freiheit in der bloßen Wirklichkeit haben, so können diese beiden Nebenglieder nur als *notwendige* und als das *nichtnotwendige Nichtwirkliche* bestimmt werden.

Das *notwendige Nichtwirkliche* ist dasjenige, worin die Wirklichkeit aufgehoben ist durch die Partikularität, und das *nichtnotwendige Nichtwirkliche* ist dasjenige, worin die Wirklichkeit aufgehoben oder vielmehr noch nicht gesetzt ist in der Allgemeinheit. Das *allgemeine Nichtwirkliche* und das *sonderheitliche Nichtwirkliche* sind die beiden Nebenglieder des Wirklichen, welche zugleich als das sonderheitliche, aber nicht allgemein und also auch nicht einheitlich Wirkliche, aber in dieser Beziehung doch Wirkliche, und als das allgemein, aber nicht sonderheitlich und darum auch nicht einheitlich, aber in seiner Art doch Wirkliche sich darstellen. Diese beiden Verhältnisse bezeichnen wir durch die relative *Möglichkeit* und *Notwendigkeit*.

Die Stufenleiter dieser Verhältnisse ist also: das allgemein Wirkliche oder das *Mögliche*, das sonderheitlich oder bedingt Wirkliche, das *Notwendige*, das einheitlich, allgemein und sonderheitlich Wirkliche oder das *Wirkliche* im eigentlichen Sinne. Das Mögliche ist die bloße Allgemeinheit ohne weitere Bestimmung; das Notwendige ist die einzelne Bedingtheit ohne allgemeinen Grund, und das Wirkliche ist die Einheit beider. Ein Beispiel aus der Erscheinungswelt wird uns das Verhältnis bis zum äußersten Grad der Evidenz klar machen. Soll ein Apfel vom Baum fallen, so muß er im Allgemeinen sich vom Zweige loslösen können; es muß aber diese Allgemeinheit durch eine bestimmte Richtung, nach welcher er fallen muß, wieder aufgehoben sein, wenn er wirklich fallen soll; und die bestimmte Richtung, nach welcher der Apfel fallen muß, wenn er fällt, muß durch die vorausgehende noch unbestimmte Loslösung vom Baume aufgehoben sein, wenn er wirklich fallen soll.

Diese drei Verhältnisse bestimmen die einfache Stufenreihe jeder Bewegung des *Denkens* und *Könnens*. Beide müssen von der *Allgemeinheit durch die Besonderheit zur Einheit*. Allein die Stellung [1190] beider zu Allgemeinheit und Besonderheit, also auch zu Möglichkeit und Notwendigkeit ist eine verschiedene oder, weil kontradiktorisch zweigliedrig verschieden, eine entgegengesetzte. Was im Denken Möglichkeit ist, das muß im Können zur Notwendigkeit werden und umgekehrt, was im Können Möglichkeit ist, das erscheint im Denken als Notwendigkeit.

Nun geht das Denken aus von der Partikularität der Äußerlichkeit. Diese Partikularität ist daher auch das Notwendige. Das Sonderheitliche ist das Bestimmte und daher vom Denken unabweisbare. Alles Denken ist mit Notwendigkeit an die Sonderheitlichkeit geknüpft. Darum ist das Denken auch die unterscheidende Tätigkeit. Das Sonderheitliche ist außerhalb dem denkenden Subjekt. Daher ist das Denken von dieser Äußerlichkeit in seiner an sich bestimmten Notwendigkeit abhängig. Im Können dagegen ist der Fall umgekehrt; nicht das Äußere ist das zunächst Bedingende, sondern das zu Ändernde, Bedingte. Allein jedem dieser Verhältnisse muß in beiden der Gegensatz gegenübertreten. Wie im Können das *Äußere bedingt* ist, inwiefern es umgewandelt werden soll durch die innere Kraft des Könnens zum Ausdruck eines anderen, so ist diese *Umwandlung* doch auch *keine ganz unbedingte*, sondern stets auch wieder von der Besonderheit des Wandelbaren, von der Fähigkeit desselben bedingt. Je nachdem der Stoff in einem objektiven Verhältnis dem könnenden Subjekt gegenüber sich findet, d.h. bei seiner Besonderheit selbst wieder einem allgemeinen Gesetz gehorcht, wird er auch dem umwandelnden Subjekt sich gegenübersetzen. Mit dem Ton wird die Kunst ganz anders verfahren müssen als mit dem Reim und mit der Farbe ganz anders als mit beiden.

Das gleiche Verhältnis tritt nun von der gegengesetzten Seite im Denken ein. Die Wahrheit des *Gedankens* ist zwar abhängig von der *Bestimmtheit des Objektes*. Etwas an sich Bestimmtes erkenne ich, indem ich es als das ansehe, was es vor meinem und ohne mein Ansehen ist. Ein Haus ist deswegen kein Baum, weil ich es für einen halte, sondern meine Erkenntnis ist richtig, wenn ich es bestimmt für keinen Baum und sonst auch nichts, sondern eben nur für ein Haus ansehe. Allein weil doch jedes, was erkennbar ist, doch auch wieder nicht ist, so kann man durchaus nicht von einer reinen Abhängigkeit reden. Diese Individualität des Da, welches das Negative am Sein bezeichnet, soll und muß durch das Denken aufgehoben werden. Ich muß jedes Individuum zugleich als Nicht-Individuum, das ganz individuelle Haus doch eben wieder als Haus denken, somit in einer Eigenschaft, die ihm nicht als Individuum zukommt, sondern insofern es kein Individuum ist. Die Besonderheit muß von der Allgemeinheit aufgehoben werden, um die wirkliche Einheit des Gedankens zu erzeugen. In dieser Aufhebung wird somit die Notwendigkeit, die Äußerlichkeit selbst wieder negiert und das Bedingende bedingt, von der Möglichkeit abhängig gemacht.

[1191] Vergleicht man nun diese dreifache Stufenreihe, so erscheint die Anwendung derselben auf das Denken und Können als eine gleiche in Beziehung auf das *Verhältnis beider zur höheren Einheit* und als eine *ungleiche* in Beziehung des *wechselseitigen Unterschiedes* voneinander. Beide müssen Möglichkeit und Notwendigkeit zur Wirklichkeit verbinden.

Aus der Anwendung dieser drei beiden gleichwesentlichen Stufen gehen die einzelnen *Gesetze* des *Denkens* und *Könnens* hervor. Beide müssen als gleiche Glieder einer und derselben Einheit den Gesetzen dieser Einheit auch gleichmäßig unterworfen sein. Es muß ebenso n*otwendig Gesetze des*

Könnens geben, als es Gesetze des Denkens gibt, ja, die beiderseitigen Gesetze müssen sogar dem Inhalte nach gleich sein und dagegen in der Stellung zueinander verschieden.

[1209]

XIX. Die drei Gesetze des Denkens.

Das *Können* wie das *Denken* beruhen auf dem Ausgang der freien Bewegung des Menschen von der Notwendigkeit. Der erste Grund ihrer möglichen Bewegung beruht also auf allgemeinen und notwendigen Gesetzen. Diese Gesetze sind für beide gleich notwendig und gehen für beide Bewegungen aus dem Wechselverhältnis von Allgemeinheit und Individualität im Verhältnis zur Einheit hervor. Der *Unterschied* für beide liegt nur im *Gegensatz ihres Ausganges.* Das Können geht aber aus von der Allgemeinheit; darin liegt seine innere Notwendigkeit oder die bedingende, notwendige Seite und trägt diese Allgemeinheit ein in die Besonderheit, darin liegt seine mögliche Beziehung, und sucht die Besonderheit in die Allgemeinheit einzutragen. Die Setzung der Besonderheit ist darum die eigentümliche Macht des Könnens. In der Eintragungsfähigkeit des Allgemeinen in das Besondere liegt die Möglichkeit des Könnens. Diese Möglichkeit wird aber gedrängt zur Verwirklichung durch die innere, nötigende, subjektive Kunstanlage. Darin liegt die notwendige Beziehung und was allgemein als *darstellungsbedürftig* und sonderheitlich als *darstellbar* zugleich in einer bestimmten Einheit erscheint, ist die dritte Stufe des Könnens, die reine, einfache *Wirklichkeit.*

[1210] Dieser Entwicklung des Könnens steht die des Denkens geradezu gegenüber. Das Denken muß das sonderheitliche Erscheinende aus dieser Individualität heraus in die Allgemeinheit und mittels derselben in die Einheit des persönlichen Bewußtseins eintragen. Die Notwendigkeit des Gedankens liegt daher außer ihm in der Besonderheit.

Diese eine Notwendigkeit muß aber aufgehoben werden durch eine entgegengesetzte andere, die der Besonderheit gegenübertritt, durch die allgemeine Möglichkeit. Das Denken ist daher als subjektive Tätigkeit und von innen bedingte Aufhebung des Sonderheitlich-Notwendigen zuerst auf diese *Allgemeinheit* angewiesen. Der Anfang des Denkens liegt in dieser *Allgemeinheit* und mit ihm die *Möglichkeit.* Die Besonderheit ist nur dadurch vermittelbar, daß sie sich von dem Nichtbesonderen als einem einerseits Allgemeinen, andererseits Nichtallgemeinen und Nichtbesonderen oder

Einheitlichen unterscheidet. Das Denken fordert somit als erste Bedingung der Denkbarkeit die *Möglichkeit.* Diese hat ihren Grund in der *Subjektivität.* Dieser Grund in der Subjektivität ist die *Allgemeinheit.* Alles Denkbare muß ein Allgemeines sein. Zu jeder Besonderheit muß sich eine Beziehung finden lassen, in der die Besonderheit aufgehoben ist. Was eine solche Beziehung schlechterdings nicht zuläßt, ist undenkbar. Das *Denkbare* muß also von dieser Seite mit dem Nichtbesonderen, Nichtobjektiven, Nichtnotwendigen, mit dem *Denkenden eins sein.* Aber nicht eins in seiner Besonderheit, sondern in der Seite seiner selbst, wodurch es nicht das Besondere, sondern das möglich Einheitliche ist. Alles Denkbare wird daher als *Identisches* begriffen werden. Inwiefern es denkbar, ist es *vereinbar mit einem anderen. Das erste Gesetz ist das Gesetz der Identität.*

Dieses Gesetz ist seiner Bestimmung nach *negativ.* Es entscheidet nur subjektiv. Die Unvereinbarkeit mit dem Subjekt *negiert die mögliche Objektivität* oder Denkbarkeit. Es wird daher auch eben so einfach negativ ausgesprochen werden können. Die subjektive Identität ist zugleich Gesetz des objektiven Widerspruches. Weil nur das Allgemeine oder Identische gedacht werden kann, so kann das Nichtidentische oder Widersprechende nicht gedacht werden. Die Möglichkeit ist positiver, die Notwendigkeit negativer Ausdruck dieses Gesetzes. Wie aber das Subjekt überhaupt nur mit ihm Vereinbares denken, mit ihm Unvereinbares nicht denken kann, so ist damit die *Allgemeinheit* dieses Gesetzes, mit ihr aber auch die Besonderheit desselben gesetzt. Wie nichts mit dem Subjekt überhaupt Unvereinbares oder der Subjektivität geradezu Widersprechendes gedacht werden kann, so kann überhaupt nichts sich selbst *Widersprechendes* zusammen gedacht werden. Das sich Widersprechende erscheint in letzter Steigerung als das subjektiv Unlösbare und darum auch Undenkbare. Es ist daher jede Denkbewegung darauf angewiesen, den Widerspruch aufzuheben und da, wo diese Aufhebung unmöglich ist, das Denken [1211] oder die Denkbarkeit zu leugnen. Eine absolute Identität ist aber diesem Gesetze gleichfalls widersprechend. Eine absolute Identität ist keine Identität. Alles Absolute ist nicht subjektiv denkbar, sondern nur aus Voraussetzung, aber nicht mehr als Inhalt des Denkens. Das Absolute gehört nicht in den Kreis der Identität; die Möglichkeit ist als Gegensatz der Notwendigkeit in ihm nicht denkbar.

Wie aber die Subjektivität in der Allgemeinheit ihres Gegensatzes mit der Besonderheit zuerst diese aufzuheben und dadurch die Einheit von Besonderheit und Allgemeinheit in erster, subjektiver und negativer Bewegung aufheben will; so wird in der zweiten Bewegung zur bloßen Möglichkeit des subjektiv einseitigen Grundes noch ein zweiter hinzukommen müssen, wenn ein wirklicher Gedanke entstehen soll. Die Subjektivität ist im Besonderen ebensosehr von der Objektivität *verschieden*, als sie im Allgemeinen eins mit ihr ist. Eins ist sie durch die Relativität, durch das gegenseitige Nicht des Denkens und des Daseins; verschieden durch die *Gegenseitigkeit* dieser Negation. Das Denken ist nur möglich im Zusammenhang mit dem Denkbaren: dieser Zusammenhang ist ein notwendig vor dem Denken selbst gesetzter. Darum ist es ein *zweites Gesetz des Denkens, daß es von der Besonderheit bestimmt und abhängig sein muß.*

Das Denken ist im Allgemeinen möglich, im Besonderen notwendig. Der Gedanke, wie er von der Objektivität abhängig ist, kann dieser Abhängigkeit nie entgehen. Er muß daher alles von einer Seite auch wieder als abhängig denken, da das Subjekt selbst sich nur im Gegensatz von einem anderen denken kann. Eines von einem anderen ableitend denkt er sich notwendig das eine nur mittels des *anderen* und mit dem anderen. Wenn er eines denkt, muß er zugleich ein anderes denken. Daher ist das *zweite Gesetz* mit der *Unterscheidung* zugleich das Gesetz der *Notwendigkeit.* Der Mensch kann sich nicht als eines denken ohne ein zugleich gesetztes anderes, von dem sein Denken abhängig ist und ohne das sein Denken selbst unmöglich wäre. Wie er nun alles Denken subjektiv abhängig denkt, so muß er alles mit dem Denken Umfaßbare auch als abhängig und relativ denken. Das *zweite Denkgesetz* spricht sich aus als *Gesetz von Grund und Folge.*

In diesem zweiten Gesetz ist aber gleichfalls wieder die *positive* und *negative* Seite zu unterscheiden. War die positive Seite im ersten Gesetz subjektiv, die negative objektiv, so ist es im zweiten Gesetz notwendig umgekehrt. Der subjektive Grund ist nur negativ bestimmend, der objektive dagegen positiv; der subjektive Grund ist daher stets als die Folge zu betrachten, und der notwendige Zusammenhang geht daher von subjektiver Seite vom Grund zur Folge, von objektiver von der Folge zum Grund. Der Grund ist nicht die Folge, sondern dieser relativ gegenüber. Was daher subjektiv der Grund ist, ist eben darum objektiv nicht der Grund, darum [1212] die Folge. Die objektive Folge ist der subjektive Grund. In dem objektiven Grund ist aber stets nur die eine Möglichkeit mehr enthalten. Der Grund ist nur in seiner subjektiven Beziehung der Grund, aber er ist zugleich objektiv wieder der Nichtgrund, nämlich ein Fürsichseiendes, das nicht notwendig in der Folge aufgehen muß. Von dieser Seite ist die Folge bloß negativerweise im Grund gesetzt. Man kann daher auch nur negativ vom Grund auf die Folge schließen, in der Objektivität aber positiv von der Folge auf den Grund, denn einen Grund muß die Folge haben, und zwar, inwiefern sie bestimmt ist, einen bestimmten. Objektiv muß der Grund stets mehr als die Folge sein. Darum ist die Folge vom Grund abhängig, aber nicht umgekehrt. Ein beiderseits abhängiges Verhältnis liegt außer dem zweiten Denkgesetz und enthält sogar eine verborgene Aufhebung des Gesetzes selbst. Das, was wir uns *notwendig als seiend* denken, denken wir uns eben darum *nicht als notwendig seiend*, und was wir uns als *notwendig seiend* denken müssen, können wir uns eben darum nicht notwendig als seiend denken. Die Welt ist, wenn sie ist, ihrer Art zu sein nach notwendig. Sie könnte aber, weil sie den Grund des Seins nicht in sich hat, möglicherweise auch nicht sein. Gott dagegen müssen wir uns notwendig als seiend denken, aber wir müssen eben deswegen uns den Grund seines Seins in ihm selbst denken, müssen ihn darum in der Art seines Seins als unabhängig und frei von jeder Notwendigkeit denken. Die Notwendigkeit reicht daher ebensowenig in das Gebiet des Absoluten als die Möglichkeit.

Mit der Möglichkeit oder Identität ist der *eine*, mit der Notwendigkeit oder der Abhängigkeit in Grund und Folge ist der *andere Grund* jedes Gedankens gesetzt. Von diesen beiden Gründen wird aber jeder Gedanke in seiner Einheit bestimmt. Mehr als diese beiden Gründe der Bestimmung können überhaupt für keine Gedankeneinheit angegeben werden. Diese beiden Verhältnisse müssen daher in einer bestimmten Beziehung sich irgendwo schneiden, sonst könnten sie nicht als relativ entgegengesetzte Verhältnisse in derselben Bewegung sich finden. Da sie aber nur im Verhältnis zueinander sind, so sind sie erst einheitlich und wirklich, sobald dieses Verhältnis in seiner Bestimmtheit ausgesprochen ist. Das *dritte Denkgesetz* besteht daher in der einheitlichen Verbindung dieser zwei relativ entgegengesetzten Ausgangspunkte des Denkens.

Nur aus der Verbindung von Gegensätzen geht die wirkliche Einheit des Gedankens hervor. *Dieser Gegensätze müssen notwendigerweise zwei sein*, die *Allgemeinheit* und die *Besonderheit*. Nicht überhaupt zwei Gegensätze, nicht zwei widersprechende Gegensätze, sondern zwei sich suchende und verbindende Gegensätze, die gegenseitig der Grund des einen vom anderen sind, müssen sich in der Einheit zusammenschließen. Zwei Gründe, der allgemeine und der besondere, bestimmen die Einheit völlig. Aber nur diese beiden. Das *dritte Gesetz* ist daher *das Gesetz der Disjunktion*, [1213] die als Disjunktion eben auch *Konjunktion* ist und in dieser Zweiseitigkeit auch das *Gesetz des ausgeschlossenen dritten* genannt wird, nämlich des ausgeschlossenen dritten Grundes.

Reine Besonderheiten geben keine Wahrheit, die bloße Allgemeinheit gleichfalls nicht. Bloß a priori kann man ebensowenig etwas wissen, als bloß a posteriori. Beides sind nur fiktive Voraussetzungen. Es gibt ebensowenig ein absolutes prius als ein absolutes posterias. Nur überwiegende Bevorzugung und Parteilichkeit sind möglich, aber völlige Ausschließung nie. Jeder wissenschaftliche Beweis ist nur in dieser Einheit entscheidend. Millionen Besonderheiten geben noch keine bestimmte und subjektiv notwendige Erkenntnis, wenn kein allgemeines Gesetz hinzutritt. Alle Geschichtsbeweise sind als rein historische unmöglich. Alle einseitigen Beweise sind überhaupt unmöglich oder wenigstens unwissenschaftlich. Erst in dieser Einheit ist die wirkliche Wahrheit des Denkens und der durch Denken erworbenen Erkenntnis.

Von Stufe zu Stufe schreitet diese Erkenntnis aufwärts, um erst in der letzten mit sich einig zu ruhen. Die erste Stufe ist die subjektive Möglichkeit der Allgemeinheit, die zweite die objektive Notwendigkeit der Unterscheidung des Andersseins und die dritte die reine, vermittelte Wirklichkeit beider.

Dieses einfache Verhältnis hat die *neuere Philosophie* umgekehrt; die Notwendigkeit ist ihr das Höchste geworden. Diese konnte bis zum Absoluten geführt werden, während die Wirklichkeit stets in der Grenze der Relativität sich hielt. Allein mit dieser Steigerung wurde diese Notwendigkeit selbst wieder aufgehoben. Der Grund wurde zum Ungrund. Die Steigerung des Abhängigkeitsverhältnisses hob die Abhängigkeit auf. Man wollte sie als Disjunktion geltend machen, konnte aber auch hier nur die Identität erhalten. Statt in der Entwicklung des Gedankens vorwärtszuschreiten und vom Grund und Folge, wie *Cartesius* und *Bako v. Berulam* versuchten, zur wirklichen Einheit, die aus der disjunktiven Vergleichung, aus Subjektivität und Objektivität, Allgemeinheit und Besonderheit hervorging und das dritte ausschloß, zu kommen, kam man zur bloßen Allgemeinheit und zur Ausschließung des zweiten, und was man floh, die scholastische Identität, das gewann man, freilich als ein anderes Begründetes, aber doch zugleich auch nur als ein einseitig Wahres wieder. Wie der Pantheismus sich entgegen steht, so auch die Form in beiden, und wie beide im Pantheismus sich treffen, so auch wieder in dieser Rückkehr zum ersten Denkgesetz.

Von diesem Standpunkt aus ist ein Rückblick auf die christliche Philosophie in ihrer bisherigen Entwicklung leicht. Die *scholastische* Philosophie beruhte lediglich auf dem Gesetze der Identität. Sie suchte bloß den inneren Widerspruch abzuweisen. Das Mögliche war ihr auch das Wirkliche. Der Beweis des Anselm gibt ebensogut Zeugnis, wie die An[1214]wendung der scholastischen Philosophie auf die Dogmatik. Der formelle Grund war an die Stelle des objektiven getreten. Daher ging alle Teilung in eine bloße Scheidung des Allgemeinen und Nichtallgemeinen auseinander, worunter man das Besondere und Einheitliche zugleich begriff. Diese Form ist in den theologischen Wissenschaften herrschend geblieben bis auf den heutigen Tag, nur daß sie durch den Zusammenstoß mit der neueren Philosophie viel von ihrem Inhalt und ihrer früheren Tiefe verloren hat.

Die *neuere* Philosophie trat der Scholastik gegenüber. Sie basierte sich auf den objektiven Grund, auf die reine Notwendigkeit. Was sich nicht mit Notwendigkeit aus der Natur erweisen ließ, wollte man auch nicht glauben. Damit war der doppelte Übelstand unvermeidlich, daß man vieles nicht gleich erweisen konnte, was man demungeachtet auch nicht leugnen konnte, daß man sich widersprechen oder auch das verwerfen mußte, was später als ein dennoch Erweisliches sich zeigen konnte; und daß man die Notwendigkeit doch nicht zum einzigen Grunde machen oder die negative und positive Seite identifizieren und dadurch die Freiheit und Besonderheit gleichfalls in der Allgemeinheit aufheben, das Besondere durch das Allgemeine nicht *ponieren*, sondern *negieren* mußte. Diese Bewegung galt vom Prinzip. In der untergeordneten Sphäre des Wissens ließ man sich von der Erfahrung leiten und machte durch die *hypothetische Beweisführung* manche schöne Entdeckung, wie auch in der Scholastik durch die *analytische Beweisführung* manche reiche Ader des Geistes geöffnet worden war.

Diese Scholastik mußte aber in der Einseitigkeit ihres logischen Prinzipes notwendig in sich zerfallen, sobald der Gegensatz von Name und Inhalt zur Sprache kam. Sie mußte zum absoluten *Realismus* werden, indem sie die Namen selbst für die Sache nahm oder zum absoluten *Nominalismus*, indem sie die Allgemeinheit gänzlich aufhob und damit alle Wissenschaft negierte.

Die neuere Philosophie mußte das gleiche Schicksal treffen. Sie mußte in absoluter Identität enden, und statt den wirklichen Fortschritt zu gewinnen, mit dem Rückschritt zum ersten Denkgesetz schließen. Damit kann aber die philosophische Bewegung selbst noch keineswegs zu Ende sein.

Dieser kurze Ausblick mag zeigen, wie das allgemeine Gesetz in den Gesetzen des Denkens in der Besonderheit sich wiederholt und offenbart und wie aus der Vergleichung beider die Einheit und Wirklichkeit der Erkenntnis auch hier gewonnen wird. Noch deutlicher zeigt sich diese Harmonie des Allgemeinen und Besonderen, sobald wir dieses Allgemeine selbst wieder in seiner subjektiven Besonderheit betrachten.

Der Allgemeinheit des Denkens muß auch innerhalb der subjektiven Bewegung als der ersten Möglichkeit wieder ein anderes objektiv Allgemeines, aber subjektiv Besonderes gegenüberstehen, damit eine allgemeine oder subjektive Wirklichkeit des Gedankens gewonnen werden kann. Dieses Son[1215]derheitliche ist das Element, der einfache Stoff alles Denkens, ist mit einem Wort das Wort. Das Denken muß aus Allgemeinheit und Besonderheit eine Einheit gewinnen. Die erste, einfachste subjektive Einheit ist das Wort. Dieses ist zugleich der Objektivität gegenüber auch wieder das Allgemeinste. Das Wort ist die objektive und notwendige, formelle Einheit des Denkgesetzes, ist die einfache Erfüllung der drei Denkgesetze. Das zweite Gesetz der objektiven Notwendigkeit ist mit dem ersten der Allgemeinheit oder der subjektiven Notwendigkeit vereint. Das Wort ist der artikulierte Ton, die geistige Beziehung, die mit der sinnlichen Wahrnehmung in bestimmte Berührung gebracht wird, der erste Akt des unbewußt-bewußten Denkens. »Gott führte dem Adam die Tiere vor, und wie er sie nannte, also sollten sie heißen.« Das war die erste Zurückführung der Besonderheit zur Allgemeinheit. Die Sprache ist daher die Bezeichnung der menschlichen freien Bewegung des Geistes dem Naturleben gegenüber. *Der Mensch spricht, weil er denkt.* Das Wort ist der leibhaft oder sonderheitlich gewordene Gedanke.

Das Wort nun als *Besonderheit* mit jenen *allgemeinen Gesetzen* verglichen, gibt in dieser Wechselwirkung die wirkliche Bewegung des Denkens und unterscheidet sich darin vom poetischen Wort. Aus dieser Wechselwirkung gehen die logischen Wissenschaften hervor. In diesen liegt der allgemeine oder mögliche Grund aller sonderheitlichen Entwicklung der Geschichte des Denkens. Wir müssen sie daher noch in ihrer allgemeinen Beziehung kennen lernen, um jene andere zu begreifen.

[1233]

XX. Das Denken als Wissenschaft.

Die allgemeine und subjektive Entwicklung des Denkens in der Wechselwirkung des Besonderen und Allgemeinen im Gesetz und Wort gibt die *logischen* Wissenschaften. Diese sind als das Allgemeine wieder der subjektive Grund aller objektiv sonderheitlichen Entwicklung. Nun können freilich diese logischen Wissenschaften sich ohne Geschichte nicht entwickeln und müssen in die Besonderheit eingehen, um sich selbst zu finden. Haben sie aber einmal ihren möglichen Kursus durchlaufen und ist man im Stande, ihren ganzen Organismus aus ihrer inneren Entwicklung zu überschauen, so ist man auch wieder in Beziehung auf die sonderheitliche Entwicklungsgeschichte im Stande, dieser die Allgemeinheit gegenüber zu halten und aus diesem Vergleich die wissenschaftlich historische Einheit zu finden.

Die logischen Wissenschaften entstehen aber aus der Vergleichung der allgemeinen Gesetze des Denkens mit dem einfachen, sonderheitlichen und objektiven Element alles Denkens, mit dem Wort. Wie aber die Gesetze des Denkens selbst hervorgehen aus der Subjektivität, Objektivität und Subjektiv-Objektivität, oder aus der Möglichkeit, Notwendigkeit und Wirklichkeit, so wird nun ihre Vereinigung mit dem Worte gleichfalls eine dreifache sein müssen. Das Wort läßt sich aber mit jenen Gesetzen verbinden in rein subjektiverweise, so daß die Möglichkeit der subjektiven Wortverbindungen zugleich als negatives Kriterium aller subjektiven Wahrheit er[1234]scheint. Was nicht mit der Sprache des Denkens auszusprechen ist, das ist auch mit dem Denken nicht zu erfassen. Die Unmöglichkeit irgendeiner erkennbaren Objektivität wird zuerst in der Unvereinbarkeit der Wortverbindung selbst zu suchen sein. Was an sich schon dem subjektiven Verbindungsvermögen widerspricht, ist undenkbar. Die Wissenschaft dieser möglichen Wortfügung nennt man daher als auf die subjektive Bedeutung des Wortes angewiesen, auch mit einem ganz entsprechenden Namen, wenn man sie Logik heißt.

Mit der Logik ist aber erst die Identität des Wortes gewußt. Ein Wort ist aber für sich nichts, wenn es nicht der Ausdruck eines Inhaltes, der kein subjektiver mehr ist, werden kann. Sprechend hängt der Mensch mit der Objektivität zusammen. Er würde sie nicht mit Worten bezeichnen, wenn er sie überhaupt ignorieren wollte und könnte. Darum ist das Wort als das Allgemeine zugleich die Beziehung des Besonderen. Um aber dieses Besondere zu bezeichnen, muß der möglichen Bewegung des Denkens auch ein notwendiger Zusammenhang entsprechen. Das Wort muß mit dem Gegensatz von sich mit dem Bewörteten oder mit dem Worte Bezeichneten in Verbindung treten. Es muß sich scheiden und in dieser Ausscheidung sein Verhältnis angeben zur Besonderheit und die Grenze dieser Besonderheit. Daraus entsteht die zweite Wissenschaft vom Worte, die Wissenschaft von der notwendigen Beziehung des Wortes zur Objektivität, die *Dialektik*. Mit ihr ist das zweite Denkgesetz in logische Bewegung gesetzt.

Zeigt sich aber im ersten Falle der subjektive Grund alles möglichen Wissens, im zweiten der notwendige objektive Gegensatz als Grenze und als zweiter Grund alles subjektiven Wissens, so werden nun diese beiden zusammen wieder eine einheitliche disjunktive in der Trennung verbindende Wissenschaft erzeugen, die das Gegenständliche aus seinem Verhältnis zum Subjekt und die einzelnen organischen Bestimmungen im Subjekt, mit denen wir an alles Gegenständliche hinan treten, aus dem Verhältnis zum Objekt erweist und zuletzt den nicht mehr unfaßbaren, aber über beiden schwebenden Einheitsgrund beider bezeichnet. Diese letztere Wissenschaft ist die *Metaphysik*. Alle drei sind ebenso wesentliche Glieder der Vereinigung des Wortes mit den Gesetzen des Denkens nach der Möglichkeit, Notwendigkeit und Wirklichkeit dieser Vereinigung, als sie unter sich wieder getrennte und nicht zu konfundierende Wissenschaften sind. Aus ihrem gegenseitigen Verhältnis geht ihr einheitliches Verständnis hervor.

Auswahlbibliographie zum philosophischen Denken Martin Deutingers

Aris 1995: Marc-Aeilko Aris, Martin Deutinger und Nikolaus von Kues. Eine Beobachtung zur Cusanus-Rezeption im 19. Jahrhundert. MFCG 22, 1995, 147-160.

Aris 1999: Marc-Aeilko Aris, Nikolaus von Kues und seine Leser im 19. Jahrhundert. Theologie und Philosophie 74, 1999, 97-108.

Becker 1866: Dietrich Becker, Die Philosophie Deutingers in ihrem Verhältnis zur Scholastik und zur Philosophie der Neuzeit. Der Katholik, 46, 693–709.

Becker 1867: Dietrich Becker, Die philosophische Methode Deutingers. Der Katholik, 47, 1867, 156-172.

Berger 1985: Stefan Berger, Zur Grundlegung einer Theologie der Subjektivität. Martin Deutingers philosophisch-theologische Subjekttheorie (Frankfurt a. M. 1985).

Bertrand-Pfaff 2004: Dominik Bertrand-Pfaff, Eine Poetik der Gabe. Kerygmatische Lebensform im Anschluss an Martin Deutingers Kunst- und Moraltheorie (Fribourg i. Ue. U.a. 2004).

Bertrand-Pfaff 2005: Dominik Bertrand-Pfaff, Martin Deutingers Ästhetik. Eine theologisch-ethische Untersuchung. τα κατοπτριζόμενα - Magazin für Theologie und Ästhetik 37, 2005 [im Internet: http://www.theomag.de/37/dbp1.htm].

Bertrand-Pfaff 2008: Dominik Bertrand-Pfaff, Martin Deutinger : une pensée originale sur le rapport entre art et morale. Bulletin de Littérature Ecclésiastique CIX, 2008, 173-182.

Bertrand-Pfaff 2013: Dominik Bertrand-Pfaff, Martin Deutinger – Denken zwischen Kunst und Ethos. Ethisch-ästhetische Studien zu seinem Werk (Berlin 2013).

Braun 1988: Bernhard Braun, Martin Deutinger (1815-1864). In: Emerich Coreth SJ u. a. (Hrsg.), Christliche Philosophie im katholischen Denken des 19. und 20. Jahrhunderts (Graz 1988) 285-305.

Dempf 1937: Alois Dempf, Erneuerung und Umbildung des Cartesianismus in der christlichen Philosophie des 19. Jahrhunderts. In: Cartesio nel terzo centario del Discorso del metodo, (Mailand 1937) 285-292.

Drews 1900: Arthur Drews, Die deutsche Spekulation seit Kant mit besonderer Rücksicht auf das Wesen und die Persönlichkeit Gottes Band 1 (Berlin 1900).

Dyroff 1915: Adolf Dyroff, Martin Deutinger als Vorläufer der Wertphilosophie. Philosophisches Jahrbuch 28, 1915, 457-475.

Endres 1906: Joseph Anton Endres, Martin Deutinger. Kultur und Katholizismus 1, Mainz/München 1906.

Ettlinger 1907: Max Ettlinger, Martin Deutinger als Philosoph der Freiheit. Hochland 4, 1907, 764-767.

Ettlinger 1914: Max Ettlinger, Die Ästhetik Martin Deutingers in ihrem Werden, Wesen und Wirken (München 1914).

Ettlinger 1927: Max Ettlinger, Schlegel, Deutinger und Muth als Künder des religiösen Urgrundes aller Poesie. In: ders. (Hrsg.), Wiederbegegnung von Kirche und Kultur. Eine Gabe für Karl Muth, (München 1927) 71-76.

Fellerer 1940: Johannes Fellerer, Das Verhältnis von Philosophie und Theologie nach Martin Deutinger (Bonn 1940).

Fellerer 1958: Johannes Fellerer, Martin Deutingers Kunstphilosophie. In: Adolf Wilhelm Ziegler (Hrsg.), Monachium, (München 1958) 212-253.

Fels 1936: Heinrich Fels, Die Philosophie des deutschen Idealismus im Urteil Martin Deutingers. Philosophisches Jahrbuch 49, 1936.

Fischer 1951: Anton Fischer, Metaphysik der Person. Die philosophische Anthropologie Martin Deutingers (Mainz 1951).

Gerstner 1943: Franz Xaver Gerstner, Das Bild des Menschen bei Martin Deutinger (Würzburg 1943).

Haller 1949: Elsa Haller, Die anthropologischen Grundlagen nach der Moralphilosophie Martin Deutingers aufgrund seines Buches Moralphilosophie, Regensburg 1849 (Wien 1949).

Hartmann 1886: Eduard von Hartmann, Die deutsche Ästhetik seit Kant (Berlin 1886).

Hatzfeld 1913/1954: Johannes Hatzfeld, Martin Deutinger als Musikästhet. Wissenschaftliche Beilage zur Germania (Berlin 1913) 305-334; wieder abgedruckt als: Zur Kunstlehre Martin Deutingers. In: Joseph Overath (Hrsg.), Priester und Musiker (Düsseldorf 1954).

Henckmann 1966: Wolfhart Henckmann, Das Wesen der Kunst in der Ästhetik Martin Deutingers. Ein Beitrag zur romantischen Kunstphilosophie (München 1966).

Kallen 1916: Gerhard Kallen, Die Geschichtsphilosophie Martin Deutingers. Zeitschrift für Philosophie und philosophische Kritik, 159, 1916, 193–230; 161, 1916, 21–41.

Kastner 1873: Lorenz Kastner, Die philosophischen Systeme Anton Günthers und Martin Deutingers. Regensburger Lyceums Programm (Regensburg 1873) 16-24.

Kastner 1875: Lorenz Kastner, Martin Deutingers Leben und Schriften. Beitrag zur Reform der Philosophie und Theologie (München 1875).

Kaufmann 1953: Gisbert Kaufmann, Religion und Kunst im Denken Martin Deutingers. Ein Beitrag zur Geschichte der romantischen Kunsttheorie und ihrer Kritik (Münster 1953).

Koerholz 1918: Paul Koerholz, Martin Deutingers Sprachphilosophie (Bonn 1918).

Kraft 1962: Lothar Kraft, Martin Deutinger: Das Wesen der musikalischen Kunst (Bonn 1962).

Löhneysen 1992: Wolfgang von Löhneysen, Raffael unter den Philosophen - Philosophen über Raffael. Denkbild und Sprache der Interpretation (Berlin 1992).

Mell 1933: Joseph Mell, Die Geschichtsphilosophie Deutingers und Hegels – ein Vergleich (Bonn 1933).

Meyer 1953: Hans Meyer, Martin Deutinger. In: Romanisches Seminar der Universität Erlangen (Hrsg.), Gedächtnisschrift für Adalbert Hämel (1885–1952) (Würzburg 1953) 181-187.

Müller 1934: Helmut Ernst Müller, Der Zeitbegriff Deutingers und M. Heideggers (Bonn 1934).

Müller 1916/1917: Joseph Müller, Martin Deutinger. Zeitschrift für Philosophie und philosophische Kritik 162, 1916, 169-187; 163, 1917, 63-85.

Mund 1928: Kurt Mund, Der Wahrheitsbegriff bei Anselm von Canterbury, Martin Deutinger und Heinrich Rickert (Bonn 1928).

Muth 1909: Karl Muth, Die Wiedergeburt der Dichtung aus dem religiösen Erlebnis (Kempten/München 1909).

Muth 1913: Karl Muth, Religion, Kunst und Poesie. In: Hertling-Festschrift der Görresgesellschaft (Kempten/München 1913) 403-420.

Neudecker 1877: Georg Neudecker, Der Philosoph Deutinger und die ultramontane Sophistik. Polemischer Beitrag zu seiner Würdigung (Würzburg 1877).

Neudecker 1878: Georg Neudecker, Studien zur Geschichte der deutschen Ästhetik seit Kant (Würzburg 1878).

Oischinger 1853: Johann Nepomuk Paul Oischinger, Würdigung der positiven Philosophie von Dr. Martin Deutinger. Neues Sion. Zeitschrift für katholisches Leben und Wissen 9, 1853.

Osinski 1993: Jutta Osinski, Katholizismus und deutsche Literatur im 19. Jahrhundert (Paderborn 1993).

Pfaff 1999: Dominik Pfaff, Zwischen Dissonanz und Vermittlung: Martin Deutinger. In: Rolf Kießling (Hrsg.), Die Universität Dillingen und ihre Nachfolger. Stationen und Aspekte einer Hochschule in Schwaben (Dillingen 1999) 765-778.

Pfeiffer 1978: Heinrich Pfeiffer, Il Bello e l'Arte nel suo sviluppo storico secondo la dottrina di Martin Deutinger. Gregorianum 58, 1978, 757-765.

Reisch 1939: Ernst Reisch, Die dialektische Geschichtstheologie Martin Deutingers (1939).

Richarz 1912: Franz Richarz, Martin Deutinger als Erkenntnistheoretiker, (Paderborn 1912).

Sattel 1905: Georg Sattel, Martin Deutingers Gotteslehre (Regensburg 1905).

Sattel 1908: Georg Sattel, Deutinger als Ethiker (Paderborn 1908).

Schulze 1916: Gerhard Schultze, Die Poesie im Urteil der deutschen Gehaltsästhetik von Schelling bis Vischer (Markranstädt 1916).

Sonnenschein 1937: Anton Sonnenschein, Görres, Windischmann und Deutinger als christliche Philosophen (Bonn 1937).

Stockinger 1988: Ludwig Stockinger, Romantik und Katholizismus. Untersuchungen zur Ästhetik der »katholischen Literatur« und zu ihren Anfängen bei Joseph von Eichendorff (Kiel 1988).

Tuebben 1929: Heinrich Tuebben, Die Freiheitsproblematik Baaders und Deutingers und der deutsche Idealismus (Würzburg 1929).

Wiedmann 1963: Franz Wiedmann, Die Ästhetik Martin Deutingers. Philosophisches Jahrbuch 71, 1963, 82-101.